대한민국 법령 시리즈 124

악취방지법

법령
시행령
시행규칙

해광출판사

머리말

이 책은 방대한 법전을 보지 않고 간편하게 해당되는 법령만 참고해서 볼 수 있도록 하였습니다. 공공기관이나 관련 종사자들이 쉽고 간편하게 해당 법령을 참조 할 수 있도록 하였습니다.

특히 해당법률은 물론 관련 시행령, 시행규칙을 함께 실어 관련법을 서로 참고할 수 있게 하였습니다.

법률이라는 것이 크든 작든 항상 변하는 관계로, 출간 이후의 정확하고 최신의 법률은 법제처 국가법령정보센터에서 확인이 가능하니 법률의 실제 적용 시 확인이 필요한 점 유의하기를 바랍니다.

편집부

* 수록 법률은 법제처 국가법령정보센터에서 확인 가능합니다.
* 발행일 기준 시행 법률이므로 최신 법령은 위 센터에서 볼 수 있습니다.
* 본 책자에 수록된 법률의 문구에 대하여 법적인 효력은 없으며,
  실제 적용 법률은 위 센터에서 최신의 법률로 확인하시기 바랍니다.
* 해당 법령과 함께 시행령, 시행규칙도 수록되어 있습니다.
* 발행일 기준으로 개정 예정 법률은 밑줄로 별도 표시되어 있으며,
  보다 정확한 것은 법제처에서 확인하기 바랍니다.

목차

악취방지법

[시행 2025. 10. 1.] [법률 제21065호, 2025. 10. 1., 타법개정]

**개정 예정 법률 밑줄 별도 표시.

악취방지법

[시행 2025. 10. 1.] [법률 제21065호, 2025. 10. 1., 타법개정]

제1장 총칙 〈개정 2010. 2. 4.〉

제1조(목적) 이 법은 사업활동 등으로 인하여 발생하는 악취를 방지함으로써 국민이 건강하고 쾌적한 환경에서 생활할 수 있게 함을 목적으로 한다.

제2조(정의) 이 법에서 사용하는 용어의 뜻은 다음과 같다. 〈개정 2013. 7. 16., 2025. 10. 1.〉

1. "악취"란 황화수소, 메르캅탄류, 아민류, 그 밖에 자극성이 있는 물질이 사람의 후각을 자극하여 불쾌감과 혐오감을 주는 냄새를 말한다.

2. "지정악취물질"이란 악취의 원인이 되는 물질로서 기후에너지환경부령으로 정하는 것을 말한다.

3. "악취배출시설"이란 악취를 유발하는 시설, 기계, 기구, 그 밖의 것으로서 기후에너지환경부장관이 관계 중앙행정기관의 장과 협의하여 기후에너지환경부령으로 정하는 것을 말한다.

4. "복합악취"란 두 가지 이상의 악취물질이 함께 작용하여 사람의 후각을 자극하여 불쾌감과 혐오감을 주는 냄새를 말한다.

5. "신고대상시설"이란 다음 각 목의 어느 하나에 해당하는 시설

을 말한다.

가. 제8조제1항 또는 제5항에 따라 신고하여야 하는 악취배출시설

나. 제8조의2제2항에 따라 신고하여야 하는 악취배출시설

[전문개정 2010. 2. 4.]

제3조(국가 · 지방자치단체 및 국민의 책무) ① 국가는 악취방지에 관한 종합시책을 수립 · 시행하고, 지방자치단체가 시행하는 악취방지시책에 대한 재정적 · 기술적 지원을 하며, 악취가 생활환경 및 사람의 건강 등에 미치는 영향에 관한 조사 · 연구, 악취방지에 관한 기술 개발 및 보급 등을 위하여 노력하여야 한다.

② 지방자치단체는 관할구역의 자연적 · 사회적 특성을 고려하여 악취방지시책을 수립 · 시행하여야 하며, 악취방지를 위하여 노력하는 주민에게 재정적 · 기술적 지원을 하고 필요한 정보를 제공하여야 한다.

③ 모든 국민은 사업활동을 하거나 음식물의 조리, 동물의 사육, 식물의 재배 등 일상생활을 하면서 다른 사람의 생활에 피해를 주지 아니하도록 악취방지를 위하여 노력하여야 하며, 국가 및 지방자치단체가 시행하는 악취방지시책에 적극 협조하여야 한다.

④ 기후에너지환경부장관은 제1항에 따라 악취방지에 관한 종합시책을 10년마다 수립 · 시행하여야 한다. 〈개정 2025. 10. 1.〉

[전문개정 2010. 2. 4.]

제4조(악취실태조사) ① 특별시장 · 광역시장 · 특별자치시장 · 도지사(그 관할구역 중 인구 50만 이상의 시는 제외한다. 이하 같다) · 특

별자치도지사(이하 "시·도지사"라 한다) 또는 인구 50만 이상의 시의 장(이하 "대도시의 장"이라 한다)은 기후에너지환경부령으로 정하는 바에 따라 제6조에 따른 악취관리지역의 대기 중 지정악취물질의 농도와 악취의 정도 등 악취발생 실태를 주기적으로 조사하고 그 결과를 기후에너지환경부장관에게 보고하여야 한다. 〈개정 2012. 2. 1., 2025. 10. 1.〉

② 시·도지사 또는 대도시의 장은 관할구역에서 악취로 인하여 발생한 민원 및 그 조치 결과 등을 기후에너지환경부령으로 정하는 바에 따라 매년 기후에너지환경부장관에게 보고하여야 한다. 〈개정 2025. 10. 1.〉

③ 기후에너지환경부장관, 시·도지사 또는 대도시의 장은 악취로 인하여 주민의 건강과 생활환경에 피해가 우려되는 경우에는 제6조에 따른 악취관리지역 외의 지역에서 제1항에 따른 악취발생 실태를 조사할 수 있다. 〈개정 2025. 10. 1.〉

[전문개정 2010. 2. 4.]

제5조 삭제 〈2006. 10. 4.〉

제2장 사업장 악취에 대한 규제 〈개정 2010. 2. 4.〉

제6조(악취관리지역의 지정) ① 시·도지사 또는 대도시의 장은 다음 각 호의 어느 하나에 해당하는 지역을 악취관리지역으로 지정하여야 한다. 〈개정 2016. 12. 27., 2018. 6. 12., 2025. 10. 1.〉

1. 악취와 관련된 민원이 1년 이상 지속되고, 악취배출시설을 운영하는 사업장이 둘 이상 인접(隣接)하여 모여 있는 지역으로서 악

취가 제7조에 따른 배출허용기준을 초과하는 지역

2. 다음 각 목의 어느 하나에 해당하는 지역으로서 악취와 관련된 민원이 집단적으로 발생하는 지역

가. 「산업입지 및 개발에 관한 법률」 제6조 · 제7조 · 제7조의2 및 제8조에 따른 국가산업단지 · 일반산업단지 · 도시첨단산업단지 및 농공단지

나. 「국토의 계획 및 이용에 관한 법률」 제36조에 따른 공업지역 중 기후에너지환경부령으로 정하는 지역

② 시 · 도지사 또는 대도시의 장은 제1항에 따른 악취관리지역 지정 사유가 없어진 때에는 악취관리지역의 지정을 해제할 수 있다. 〈개정 2020. 5. 26.〉

③ 기후에너지환경부장관은 시 · 도지사 또는 대도시의 장이 제1항 각 호의 어느 하나에 해당하는 지역을 악취관리지역으로 지정하지 아니하는 경우에는 시 · 도지사 또는 대도시의 장에게 해당 지역을 악취관리지역으로 지정할 것을 요구하여야 한다. 이 경우 시 · 도지사 또는 대도시의 장은 지체 없이 해당 지역을 악취관리지역으로 지정하여야 한다. 〈개정 2018. 6. 12., 2025. 10. 1.〉

④ 시 · 도지사 또는 대도시의 장은 악취관리지역을 지정 · 해제 또는 변경하려는 때에는 기후에너지환경부령으로 정하는 바에 따라 이해관계인의 의견을 들어야 한다. 〈개정 2025. 10. 1.〉

⑤ 시 · 도지사 또는 대도시의 장은 악취관리지역을 지정 · 해제 또는 변경하였을 때에는 이를 고시하고 그 내용을 기후에너지환경부장관에게 보고하여야 한다. 〈개정 2025. 10. 1.〉

⑥ 시장(대도시의 장은 제외한다. 이하 같다)·군수·구청장(자치구의 구청장을 말한다. 이하 같다)은 주민의 생활환경을 보전하기 위하여 필요하다고 인정하는 경우에는 지역을 정하여 시·도지사에게 악취관리지역으로 지정하여 줄 것을 요청할 수 있다.

⑦ 기후에너지환경부장관은 시·도지사가 제6항에 따라 시장·군수·구청장이 요청한 지역을 악취관리지역으로 지정하지 아니하는 경우에는 제4조제3항에 따른 악취발생 실태 조사의 결과를 고려하여 시·도지사에게 해당 지역을 악취관리지역으로 지정할 것을 권고할 수 있다. 이 경우 권고를 받은 시·도지사는 특별한 사유가 없으면 이에 따라야 한다. 〈신설 2018. 6. 12., 2025. 10. 1.〉

⑧ 기후에너지환경부장관은 제4조제3항에 따른 악취발생 실태 조사의 결과를 고려하여 시·도지사 또는 대도시의 장에게 해당 지역을 악취관리지역으로 지정할 것을 권고할 수 있다. 이 경우 권고를 받은 시·도지사 또는 대도시의 장은 특별한 사유가 없으면 1년 이내에 해당 지역을 악취관리지역으로 지정하여야 한다. 〈신설 2023. 3. 28., 2025. 10. 1.〉

⑨ 악취관리지역의 지정기준 등에 관하여 필요한 사항은 기후에너지환경부령으로 정한다. 〈개정 2018. 6. 12., 2023. 3. 28., 2025. 10. 1.〉

[전문개정 2010. 2. 4.]

제7조(배출허용기준) ① 악취배출시설에서 배출되는 악취의 배출허용기준은 기후에너지환경부장관이 관계 중앙행정기관의 장과 협의하여 기후에너지환경부령으로 정한다. 〈개정 2018. 6. 12., 2025.

10. 1.〉

② 특별시 · 광역시 · 특별자치시 · 도(그 관할구역 중 인구 50만 이상의 시는 제외한다. 이하 같다) · 특별자치도(이하 "시 · 도"라 한다) 또는 인구 50만 이상의 시(이하 "대도시"라 한다)는 제1항에 따른 배출허용기준으로는 주민의 생활환경을 보전하기 어렵다고 인정하는 경우에는 악취배출시설 중 대통령령으로 정하는 시설에 대하여 기후에너지환경부령으로 정하는 범위에서 조례로 제1항에 따른 배출허용기준보다 엄격한 배출허용기준을 정할 수 있다. 〈개정 2012. 2. 1., 2018. 6. 12., 2025. 10. 1.〉

③ 시 · 도 또는 대도시는 제2항에 따라 엄격한 배출허용기준을 정할 때에는 기후에너지환경부령으로 정하는 바에 따라 이해관계인의 의견을 들어야 한다. 〈개정 2025. 10. 1.〉

④ 시 · 도지사 또는 대도시의 장은 제2항에 따라 배출허용기준을 정하거나 변경하였을 때에는 지체 없이 기후에너지환경부장관에게 보고하여야 한다. 〈개정 2025. 10. 1.〉

⑤ 시장 · 군수 · 구청장은 주민의 생활환경을 보전하기 위하여 필요하다고 인정하는 경우에는 그 관할구역에 있는 악취배출시설에 대하여 시 · 도에 제2항에 따른 엄격한 배출허용기준을 정하여 줄 것을 요청할 수 있다. 〈개정 2018. 6. 12.〉

[전문개정 2010. 2. 4.]

제8조(악취관리지역의 악취배출시설 설치신고 등) ① 악취관리지역에 악취배출시설을 설치하려는 자는 기후에너지환경부령으로 정하는 바에 따라 시 · 도지사 또는 대도시의 장에게 신고하여야 한다. 신고

한 사항 중 기후에너지환경부령으로 정하는 사항을 변경하려는 경우에도 또한 같다. 〈개정 2025. 10. 1.〉

② 제1항에 따라 신고 또는 변경신고를 하는 자는 해당 악취배출시설에서 배출되는 악취가 제7조에 따른 배출허용기준 이하로 배출될 수 있도록 악취방지시설의 설치 등 악취를 방지할 수 있는 계획(이하 "악취방지계획"이라 한다)을 수립하여 신고 또는 변경신고할 때 함께 제출하여야 한다. 다만, 기후에너지환경부령으로 정하는 바에 따라 악취가 항상 제7조에 따른 배출허용기준 이하로 배출됨을 증명하는 자료를 제출하는 경우에는 그러하지 아니하다. 〈개정 2025. 10. 1.〉

③ 제2항 단서에 따라 악취방지계획을 제출하지 아니하고 악취배출시설을 설치·운영하는 자가 공정(工程)·원료 등의 변경으로 제7조에 따른 배출허용기준을 초과할 우려가 있는 경우에는 악취방지계획을 수립하여 제출하여야 한다.

④ 제2항 본문 및 제3항에 따라 악취방지계획을 제출한 자는 악취방지계획에 따라 해당 악취배출시설의 가동 전에 악취방지에 필요한 조치를 하여야 한다.

⑤ 악취관리지역을 지정·고시할 당시 해당 지역에서 악취배출시설을 운영하고 있는 자는 그 고시된 날부터 6개월 이내에 제1항에 따른 신고와 함께 악취방지계획이나 제2항 단서에 따른 자료를 제출하고, 그 고시된 날부터 1년 이내에 악취방지계획에 따라 악취방지에 필요한 조치를 하여야 한다. 다만, 그 조치에 특수한 기술이 필요한 경우 등 대통령령으로 정하는 사유에 해당하는 경우에는 시

· 도지사 또는 대도시의 장의 승인을 받아 6개월의 범위에서 조치기간을 연장할 수 있다.

⑥ 시 · 도지사 또는 대도시의 장은 제1항 또는 제5항에 따른 신고 또는 변경신고를 받은 경우 그 내용을 검토하여 이 법에 적합하면 신고를 수리하여야 한다. 〈신설 2021. 1. 5.〉

[전문개정 2010. 2. 4.]

제8조의2(악취관리지역 외의 지역에서의 악취배출시설 신고 등) ① 시 · 도지사 또는 대도시의 장은 악취관리지역 외의 지역에 설치된 악취배출시설과 관련하여 악취 관련 민원이 1년 이상 지속되고 복합악취나 지정악취물질이 3회 이상 제7조에 따른 배출허용기준을 초과하는 경우에는 해당 악취배출시설을 신고대상시설로 지정 · 고시할 수 있다.

② 제1항에 따라 지정 · 고시된 악취배출시설을 운영하는 자는 그 지정 · 고시된 날부터 6개월 이내에 기후에너지환경부령으로 정하는 바에 따라 시 · 도지사 또는 대도시의 장에게 신고하여야 한다. 신고한 사항 중 기후에너지환경부령으로 정하는 사항을 변경하려는 경우에도 또한 같다. 〈개정 2025. 10. 1.〉

③ 제2항에 따라 신고하는 자는 악취방지계획을 수립하여 신고할 때 함께 제출하여야 하며, 제1항에 따라 지정 · 고시된 날부터 1년 이내에 악취방지계획에 따라 악취방지에 필요한 조치를 하여야 한다. 다만, 그 조치에 특수한 기술이 필요한 경우 등 대통령령으로 정하는 사유에 해당하는 경우에는 시 · 도지사 또는 대도시의 장의 승인을 받아 6개월의 범위에서 조치기간을 연장할 수 있다.

④ 시·도지사 또는 대도시의 장은 제2항에 따른 신고 또는 변경신고를 받은 경우 그 내용을 검토하여 이 법에 적합하면 신고를 수리하여야 한다. 〈신설 2021. 1. 5.〉

⑤ 시장·군수·구청장은 주민의 생활환경을 보전하기 위하여 필요한 경우에는 시·도지사에게 제1항에 따른 지정·고시를 하여 줄 것을 요청할 수 있다. 〈개정 2021. 1. 5.〉

[본조신설 2010. 2. 4.]

제8조의3(악취방지시설의 공동 설치 등) ① 국가, 지방자치단체 및 「한국환경공단법」에 따른 한국환경공단(이하 "한국환경공단"이라 한다)은 악취관리지역 또는 제8조의2제1항에 따라 신고대상시설로 지정·고시된 악취배출시설이 설치된 지역의 각 사업장에서 배출되는 악취를 공동으로 처리하기 위하여 악취공공처리시설을 설치·운영할 수 있다. 이 경우 국가, 지방자치단체 및 한국환경공단은 해당 사업장의 운영자에게 악취공공처리시설의 운영에 필요한 비용의 전부 또는 일부를 부담하게 할 수 있다. 〈신설 2012. 2. 1.〉

② 국가와 지방자치단체는 한국환경공단으로 하여금 제1항에 따른 악취공공처리시설을 설치하거나 운영하게 할 수 있다. 〈신설 2012. 2. 1.〉

③ 신고대상시설을 운영하는 자(이하 "신고대상시설 운영자"라 한다)는 기후에너지환경부령으로 정하는 바에 따라 신고대상시설로부터 나오는 악취를 처리하기 위한 악취방지시설을 공동으로 설치·운영할 수 있다. 〈개정 2012. 2. 1., 2025. 10. 1.〉

④ 신고대상시설 운영자가 제3항에 따라 악취방지시설을 공동으

로 설치·운영하려는 경우에는 그 시설의 운영기구를 설치하고 대표자를 두어야 한다. 〈개정 2012. 2. 1.〉

⑤ 제1항에 따른 악취공공처리시설 및 제3항에 따라 공동으로 설치·운영하는 악취방지시설의 배출허용기준은 제7조에 따르며, 그 설치·운영에 필요한 사항은 기후에너지환경부령으로 정한다. 〈개정 2012. 2. 1., 2025. 10. 1.〉

[본조신설 2010. 2. 4.]

제9조(권리·의무의 승계) ① 신고대상시설을 상속, 양도, 합병을 통하여 승계한 자는 종전 신고대상시설 운영자의 권리·의무를 승계한다.

② 다음 각 호의 어느 하나에 해당하는 절차에 따라 신고대상시설을 인수한 자는 해당 신고대상시설의 신고 및 변경신고에 따르는 종전 신고대상시설 운영자의 권리·의무를 승계한다.

1. 「민사집행법」에 따른 경매

2. 「채무자 회생 및 파산에 관한 법률」에 따른 환가

3. 「국세징수법」, 「관세법」 또는 「지방세법」에 따른 압류재산의 매각

4. 그 밖에 제1호부터 제3호까지의 어느 하나에 준하는 절차

[전문개정 2010. 2. 4.]

제10조(개선명령) ① 시·도지사 또는 대도시의 장은 신고대상시설에서 배출되는 악취가 제7조에 따른 배출허용기준을 초과하는 경우에는 대통령령으로 정하는 바에 따라 기간을 정하여 신고대상시설 운영자에게 그 악취가 배출허용기준 이하로 내려가도록 필요한 조치를 할 것을 명할 수 있다. 〈개정 2023. 3. 28.〉

② 신고대상시설 운영자는 제1항에 따른 명령(이하 "개선명령"이라 한다)을 받은 경우 기후에너지환경부령으로 정하는 바에 따라 시·도지사 또는 대도시의 장에게 개선명령을 이행하기 위한 계획을 제출하여야 한다. 〈신설 2023. 3. 28., 2025. 10. 1.〉

[전문개정 2010. 2. 4.]

제11조(조업정지명령) ① 시·도지사 또는 대도시의 장은 개선명령을 받은 자가 이를 이행하지 아니하거나, 이행은 하였으나 최근 2년 이내에 제7조에 따른 배출허용기준을 반복하여 초과하는 경우에는 해당 신고대상시설의 전부 또는 일부에 대하여 조업정지를 명할 수 있다. 〈개정 2014. 3. 24., 2023. 3. 28.〉

② 제1항에 따른 조업정지명령의 기준, 범위 등에 관하여 필요한 사항은 기후에너지환경부령으로 정한다. 〈개정 2014. 3. 24., 2025. 10. 1.〉

[전문개정 2010. 2. 4.]

[제목개정 2014. 3. 24.]

제12조(과징금처분) ① 시·도지사 또는 대도시의 장은 신고대상시설로서 다음 각 호의 어느 하나에 해당하는 시설을 운영하는 자에게 제11조에 따라 조업정지를 명하여야 하는 경우로서 그 조업정지가 주민의 생활에 심한 불편을 주거나 공익을 해칠 우려가 있다고 인정되는 경우에는 조업정지처분을 대신하여 1억원 이하의 과징금을 부과할 수 있다. 〈개정 2014. 3. 24., 2016. 1. 27., 2017. 1. 17.〉

1. 「산업집적활성화 및 공장설립에 관한 법률」 제2조제1호에 따

른 공장

2. 「하수도법」 제2조제9호 또는 제10호에 따른 공공하수처리시설 또는 분뇨처리시설

3. 「가축분뇨의 관리 및 이용에 관한 법률」 제2조제9호에 따른 공공처리시설

4. 「물환경보전법」 제2조제17호에 따른 공공폐수처리시설

5. 「폐기물관리법」 제2조제8호에 따른 폐기물처리시설 중 지방자치단체가 설치하거나 운영하는 시설

6. 그 밖에 대통령령으로 정하는 악취배출시설

② 제1항에 따라 과징금을 부과하는 위반행위의 종류 및 위반 정도 등에 따른 과징금의 금액 등에 관하여 필요한 사항은 기후에너지환경부령으로 정한다. 〈개정 2025. 10. 1.〉

③ 시·도지사 또는 대도시의 장은 제1항에 따른 시설을 운영하는 자가 제1항에 따른 과징금을 납부기한까지 내지 아니하면 「지방행정제재·부과금의 징수 등에 관한 법률」에 따라 징수한다. 〈개정 2013. 8. 6., 2020. 3. 24.〉

[전문개정 2010. 2. 4.]

제13조(위법시설에 대한 폐쇄명령 등) ① 시·도지사 또는 대도시의 장은 신고를 하지 아니하고 신고대상시설을 설치하거나 운영하는 자에게 해당 신고대상시설의 사용중지를 명하여야 한다. 다만, 다른 법률에서 그 설치 장소에 해당 신고대상시설을 설치할 수 없도록 금지하고 있는 경우에는 그 신고대상시설의 폐쇄를 명하여야 한다.

② 제1항에 따른 사용중지명령 또는 폐쇄명령에 관하여 그 밖에 필

요한 사항은 기후에너지환경부령으로 정한다. 〈개정 2025. 10. 1.〉

[전문개정 2010. 2. 4.]

제14조(개선 권고 등) ① 특별자치시장, 특별자치도지사, 대도시의 장 또는 시장·군수·구청장은 신고대상시설 외의 악취배출시설에서 배출되는 악취가 제7조제1항에 따른 배출허용기준을 초과하는 경우에는 해당 악취배출시설을 운영하는 자에게 그 악취가 제7조제1항에 따른 배출허용기준 이하로 내려가도록 필요한 조치를 할 것을 권고할 수 있다. 〈개정 2013. 7. 16.〉

② 특별자치시장, 특별자치도지사, 대도시의 장 또는 시장·군수·구청장은 제1항에 따라 권고를 받은 자가 권고사항을 이행하지 아니하는 경우에는 악취를 줄이기 위하여 필요한 조치를 명할 수 있다. 〈개정 2013. 7. 16., 2020. 5. 26.〉

③ 제2항에 따른 명령(이하 "조치명령"이라 한다)을 받은 자는 기후에너지환경부령으로 정하는 바에 따라 특별자치시장, 특별자치도지사, 대도시의 장 또는 시장·군수·구청장에게 조치명령을 이행하기 위한 계획을 제출하여야 한다. 〈신설 2023. 3. 28., 2025. 10. 1.〉

[전문개정 2010. 2. 4.]

[제목개정 2013. 7. 16.]

제3장 생활악취의 방지

제15조 삭제 〈2010. 2. 4.〉

제16조(공공수역의 악취방지) 국가와 지방자치단체는 하수관로·하천·호소(湖沼)·항만 등 공공수역에서 악취가 발생하여 주변 지역

주민에게 피해를 주지 아니하도록 적절하게 관리하여야 한다. 〈개정 2013. 7. 16.〉

[전문개정 2010. 2. 4.]

제16조의2(기술진단 등) ① 시·도지사, 대도시의 장 및 시장·군수·구청장은 악취로 인한 주민의 건강상 위해(危害)를 예방하고 생활환경을 보전하기 위하여 해당 지방자치단체의 장이 설치·운영하는 다음 각 호의 악취배출시설에 대하여 5년마다 기술진단을 실시하여야 한다. 다만, 다른 법률에 따라 악취에 관한 기술진단을 실시한 경우에는 이 항에 따른 기술진단을 실시한 것으로 본다. 〈개정 2016. 1. 27., 2017. 1. 17., 2023. 3. 28., 2025. 10. 1.〉

1. 「하수도법」 제2조제9호 및 제11호에 따른 공공하수처리시설 및 분뇨처리시설

2. 「가축분뇨의 관리 및 이용에 관한 법률」 제2조제9호에 따른 공공처리시설

3. 「물환경보전법」 제2조제17호에 따른 공공폐수처리시설

4. 「폐기물관리법」 제2조제8호에 따른 폐기물처리시설 중 음식물류 폐기물을 처리(재활용을 포함한다)하는 시설

5. 시·도지사, 대도시의 장 또는 시장·군수·구청장이 설치·운영하는 시설 중 악취발생으로 인한 피해가 우려되어 기술진단을 실시할 필요가 있다고 해당 지방자치단체의 장이 인정하는 시설

6. 그 밖에 시·도지사, 대도시의 장 또는 시장·군수·구청장이 설치·운영하는 시설 중 악취발생으로 인한 피해가 우려되어 기술진단을 실시할 필요가 있다고 기후에너지환경부장관이 인정하여 고시

하는 시설

② 시·도지사, 대도시의 장 및 시장·군수·구청장은 제1항에 따른 기술진단 결과 악취저감 등의 조치가 필요하다고 인정되는 경우에는 악취저감 등의 조치를 이행하기 위한 계획을 수립하여 시행하고, 기후에너지환경부령으로 정하는 바에 따라 기후에너지환경부장관에게 통보하여야 한다. 〈개정 2023. 3. 28., 2025. 10. 1.〉

③ 제1항에 따른 기술진단의 내용·방법, 기술진단 대상시설의 범위 등은 기후에너지환경부령으로 정한다. 〈개정 2018. 6. 12., 2025. 10. 1.〉

④ 시·도지사, 대도시의 장 및 시장·군수·구청장은 한국환경공단 또는 제16조의3제1항에 따라 등록을 한 자로 하여금 제1항에 따른 기술진단 업무를 대행하게 할 수 있다. 〈신설 2018. 6. 12.〉

[본조신설 2010. 2. 4.]

제16조의3(기술진단전문기관의 등록) ① 제16조의2제1항에 따른 기술진단 업무를 대행하려는 자는 대통령령으로 정하는 시설·장비 및 기술인력 등의 요건을 갖추어 기후에너지환경부장관에게 등록하여야 한다. 〈개정 2025. 10. 1.〉

② 제1항에 따라 등록을 한 자(이하 "기술진단전문기관"이라 한다)는 제1항에 따라 등록한 사항 중 기후에너지환경부령으로 정하는 중요한 사항을 변경하려는 경우에는 기후에너지환경부장관에게 변경등록을 하여야 한다. 〈개정 2025. 10. 1.〉

③ 제1항 및 제2항에 따른 등록·변경등록의 절차 등 그 밖에 필요한 사항은 기후에너지환경부령으로 정한다. 〈개정 2025. 10. 1.〉

[본조신설 2018. 6. 12.]

[종전 제16조의3은 제16조의7로 이동 〈2018. 6. 12.〉]

제16조의4(기술진단전문기관 등의 준수사항) 한국환경공단 및 기술진단전문기관은 제16조의2제1항에 따른 기술진단 업무를 대행하는 경우에는 다음 각 호의 사항을 준수하여야 한다.

1. 제16조의2제3항에 따른 기술진단의 내용·방법에 따라 기술진단 업무를 수행하고, 그 진단결과를 5년간 보존할 것

2. 등록된 기술인력이 기술진단 업무를 수행할 것

3. 기술진단을 실시한 후 30일 이내에 기술진단 결과를 해당 지방자치단체의 장에게 통보할 것

4. 기술진단 대상의 악취개선을 위한 시설개선, 최적관리방안 및 적정한 개선비용을 제시할 것

5. 그 밖에 기술진단 실적의 보고 등 대통령령으로 정하는 사항을 준수할 것

[본조신설 2018. 6. 12.]

제16조의5(기술진단전문기관 등록의 결격사유) 다음 각 호의 어느 하나에 해당하는 자는 기술진단전문기관으로 등록할 수 없다.

1. 피성년후견인 또는 피한정후견인

2. 파산선고를 받고 복권되지 아니한 자

3. 이 법을 위반하여 징역 이상의 실형을 선고받고 그 집행이 끝나거나(집행이 끝난 것으로 보는 경우를 포함한다) 집행이 면제된 날부터 2년이 지나지 아니한 자

4. 제16조의6에 따라 등록이 취소(이 조 제1호 또는 제2호에 해당

하여 등록이 취소된 경우는 제외한다)된 후 2년이 지나지 아니한 자

5. 임원 중에 제1호부터 제4호까지의 어느 하나에 해당하는 사람이 있는 법인

[본조신설 2018. 6. 12.]

제16조의6(기술진단전문기관의 등록취소 등) ① 기후에너지환경부장관은 기술진단전문기관이 다음 각 호의 어느 하나에 해당하는 경우에는 등록을 취소하거나 6개월 이내의 기간을 정하여 그 업무의 전부 또는 일부의 정지를 명할 수 있다. 다만, 제1호 또는 제6호에 해당하는 경우에는 그 등록을 취소하여야 한다. 〈개정 2025. 10. 1.〉

1. 거짓이나 그 밖의 부정한 방법으로 제16조의3제1항에 따라 등록을 한 경우

2. 제16조의3제1항에 따라 등록을 한 후 1년 이내에 업무를 개시하지 아니하거나 정당한 사유 없이 계속하여 1년 이상 휴업한 경우

3. 제16조의3제1항에 따른 등록요건을 갖추지 못하게 된 경우

4. 제16조의3제2항을 위반하여 변경등록을 하지 아니하거나 거짓 또는 부정한 방법으로 변경등록을 한 경우

5. 제16조의4에 따른 준수사항을 지키지 아니한 경우

6. 제16조의5제1호부터 제3호와 제5호의 어느 하나에 해당하게 된 경우. 다만, 법인의 임원 중에 제16조의5제5호에 해당하는 사람이 있는 경우 6개월 이내에 그 임원을 바꾸어 임명하는 경우는 제외한다.

7. 업무정지 기간 중에 새로운 기술진단 계약을 체결하거나 기술진단 업무를 한 경우

② 제1항에 따른 행정처분의 세부 기준은 기후에너지환경부령으로 정한다. 〈개정 2025. 10. 1.〉

[본조신설 2018. 6. 12.]

제16조의7(생활악취 관리) ① 시·도지사 및 대도시의 장은 해당 지방자치단체의 조례로 정하는 바에 따라 악취배출시설 외의 시설 등으로부터 발생하는 악취(이하 "생활악취"라 한다)를 줄이기 위하여 생활악취 발생의 원인이 된다고 인정되는 시설 등에 대하여 악취검사, 기술진단 실시 및 악취방지시설의 설치 등 생활악취 방지를 위한 대책을 수립·시행할 수 있다.

② 시·도지사 및 대도시의 장은 조례로 정하는 바에 따라 생활악취 개선을 위한 규제를 할 수 있다.

[본조신설 2015. 12. 1.]

[제16조의3에서 이동 〈2018. 6. 12.〉]

제4장 검사 등

제17조(보고·검사 등) ① 기후에너지환경부장관, 시·도지사 또는 대도시의 장은 악취의 배출로 환경오염 피해가 발생하거나 발생할 우려가 있는 경우 등 기후에너지환경부령으로 정하는 경우에는 다음 각 호에 해당하는 자에게 필요한 보고를 명하거나 자료를 제출하게 할 수 있으며, 관계 공무원에게 해당 사업장 등에 출입하여 악취검사를 위한 시료(試料)를 채취하게 하거나 관계 서류·시설 및 장비 등을 검사하게 할 수 있다. 〈개정 2023. 3. 28., 2025. 10. 1.〉

1. 악취배출시설을 설치·운영하는 자

2. 제16조의2제4항에 따라 기술진단 업무를 대행하는 자

3. 제16조의7에 따른 생활악취 발생의 원인이 된다고 인정되는 시설을 운영하는 자

② 기후에너지환경부장관, 시·도지사 또는 대도시의 장은 제1항에 따라 시료를 채취하였을 때에는 제18조에 따른 악취검사기관에 악취검사를 의뢰하여야 한다. 〈개정 2025. 10. 1.〉

③ 기후에너지환경부장관, 시·도지사 또는 대도시의 장은 관계 공무원이 함께하는 자리에서 제18조에 따른 악취검사기관의 소속 직원에게 제1항에 따른 시료의 채취를 하게 할 수 있다. 〈개정 2025. 10. 1.〉

④ 기후에너지환경부장관, 시·도지사 또는 대도시의 장은 제1항에 따라 악취검사를 위한 시료를 채취하게 하는 경우에는 토지 또는 사업장 등의 소유자·점유자 또는 관리인의 동의를 받아 원격제어가 가능한 시료자동채취장치를 이용하여 시료를 채취하게 할 수 있다. 〈신설 2018. 6. 12., 2025. 10. 1.〉

⑤ 제4항에 따른 시료자동채취장치의 규격, 설치, 채취장소 및 채취방법 등에 관한 사항은 기후에너지환경부령으로 정한다. 〈신설 2018. 6. 12., 2025. 10. 1.〉

⑥ 제1항에 따라 출입·검사를 하는 공무원은 그 권한이나 자격을 표시하는 증표를 지니고 이를 관계인에게 보여주어야 한다. 〈개정 2018. 6. 12.〉

[전문개정 2010. 2. 4.]

제18조(악취검사기관) ① 제17조에 따라 채취된 시료의 악취검사를

하는 악취검사기관은 다음 각 호의 자 중에서 기후에너지환경부장관이 지정하는 자로 한다. 〈개정 2025. 10. 1.〉

1. 국공립연구기관
2. 「고등교육법」 제2조에 따른 학교
3. 특별법에 따라 설립된 법인
4. 기후에너지환경부장관의 설립허가를 받은 환경 관련 비영리법인
5. 「국가표준기본법」 제23조에 따라 인정된 화학 분야의 시험·검사기관

② 제1항에 따라 악취검사기관으로 지정받으려는 자는 기후에너지환경부령으로 정하는 검사시설·장비 및 기술인력 등을 갖추어야 한다. 〈개정 2025. 10. 1.〉

③ 제1항에 따라 악취검사기관으로 지정받은 자가 그 지정받은 사항을 변경하려면 기후에너지환경부장관에게 보고하여야 한다. 〈개정 2025. 10. 1.〉

④ 기후에너지환경부장관은 제1항에 따라 악취검사기관을 지정하였을 경우에는 지정서를 발급하고, 이를 공고하여야 한다. 〈개정 2025. 10. 1.〉

⑤ 제1항에 따른 악취검사기관의 지정절차, 악취검사기관의 준수사항, 검사수수료 등에 관하여 필요한 사항은 기후에너지환경부령으로 정한다. 〈개정 2025. 10. 1.〉

[전문개정 2010. 2. 4.]

제19조(지정취소 등) ① 기후에너지환경부장관은 제18조제1항에 따라 악취검사기관으로 지정받은 자가 다음 각 호의 어느 하나에 해

당하는 경우에는 악취검사기관의 지정을 취소하거나 6개월 이내의 기간을 정하여 업무의 정지를 명할 수 있다. 다만, 제1호에 해당하는 경우에는 지정을 취소하여야 한다. 〈개정 2023. 3. 28., 2025. 10. 1.〉

1. 거짓이나 그 밖의 부정한 방법으로 지정을 받은 경우
2. 제18조제2항에 따른 지정기준에 미치지 못하게 된 경우
3. 고의 또는 중대한 과실로 검사 결과를 거짓으로 작성한 경우
4. 제18조제5항에 따른 악취검사기관의 준수사항을 지키지 아니한 경우

② 제1항에 따른 지정취소 또는 업무정지명령에 관한 세부 기준은 기후에너지환경부령으로 정한다. 〈개정 2025. 10. 1.〉

[전문개정 2010. 2. 4.]

제5장 보칙 〈개정 2010. 2. 4.〉

제20조(관계 기관의 협조) 기후에너지환경부장관, 시·도지사 또는 대도시의 장은 이 법의 목적을 달성하기 위하여 필요하다고 인정하는 경우에는 악취를 발생시키는 사업장의 사업활동 및 악취방지기술 등 악취방지를 위하여 필요한 사항에 관한 자료 또는 정보의 제공, 의견의 제출이나 그 밖에 대통령령으로 정하는 사항에 관하여 관계 기관의 장에게 협조를 요청할 수 있다. 이 경우 요청을 받은 관계 기관의 장은 특별한 사유가 없으면 협조하여야 한다. 〈개정 2025. 10. 1.〉

[전문개정 2010. 2. 4.]

제21조(악취저감을 위한 재정적 · 기술적 지원) ① 기후에너지환경부장관, 시 · 도지사 또는 대도시의 장은 악취를 배출하는 사업장에 대하여 악취저감에 필요한 재정적 · 기술적 지원을 할 수 있다. 〈개정 2023. 3. 28., 2025. 10. 1.〉

② 제1항에 따른 재정적 · 기술적 지원의 대상, 절차 등 필요한 사항은 대통령령으로 정한다. 〈개정 2023. 3. 28.〉

[본조신설 2012. 2. 1.]

[제목개정 2023. 3. 28.]

제22조(청문) 기후에너지환경부장관, 시 · 도지사 또는 대도시의 장은 다음 각 호의 어느 하나에 해당하는 처분을 하려면 청문을 하여야 한다. 〈개정 2014. 3. 24., 2018. 6. 12., 2025. 10. 1.〉

1. 제11조에 따른 신고대상시설의 조업정지명령
2. 제13조에 따른 신고대상시설의 사용중지명령 또는 폐쇄명령

2의2. 제16조의6에 따른 기술진단전문기관의 등록취소

3. 제19조에 따른 악취검사기관에 대한 지정취소

[전문개정 2010. 2. 4.]

제23조(수수료) 제8조제1항 또는 제5항이나 제8조의2제2항에 따른 악취배출시설의 설치 등의 신고를 하려는 자는 기후에너지환경부령으로 정하는 바에 따라 수수료를 내야 한다. 〈개정 2025. 10. 1.〉

[전문개정 2010. 2. 4.]

제24조(권한 · 업무의 위임과 위탁) ① 이 법에 따른 기후에너지환경부장관의 권한은 대통령령으로 정하는 바에 따라 그 일부를 지방환경관서의 장 또는 기후에너지환경부 소속 국립환경연구기관의 장에

게 위임할 수 있다. 〈개정 2016. 1. 27., 2025. 10. 1.〉

② 이 법에 따른 시·도지사의 권한은 대통령령으로 정하는 바에 따라 그 일부를 시장·군수·구청장에게 위임할 수 있다.

③ 이 법에 따른 기후에너지환경부장관의 업무는 대통령령으로 정하는 바에 따라 그 일부를 관계 전문기관에 위탁할 수 있다. 〈신설 2012. 2. 1., 2025. 10. 1.〉

[전문개정 2010. 2. 4.]

[제목개정 2012. 2. 1.]

제25조(벌칙 적용 시의 공무원 의제) 제18조제1항에 따라 악취검사 업무에 종사하는 악취검사기관의 임직원은 「형법」 제129조부터 제132조까지의 규정을 적용할 때에는 공무원으로 본다.

[전문개정 2010. 2. 4.]

제6장 벌칙 〈개정 2010. 2. 4.〉

제26조(벌칙) 다음 각 호의 어느 하나에 해당하는 자는 3년 이하의 징역 또는 3천만원 이하의 벌금에 처한다. 〈개정 2014. 3. 24.〉

1. 제11조에 따른 신고대상시설의 조업정지명령을 위반한 자
2. 제13조에 따른 신고대상시설의 사용중지명령 또는 폐쇄명령을 위반한 자

[전문개정 2010. 2. 4.]

제27조(벌칙) 다음 각 호의 어느 하나에 해당하는 자는 1년 이하의 징역 또는 1천만원 이하의 벌금에 처한다.

1. 제8조제1항 전단, 같은 조 제5항 또는 제8조의2제2항 전단에

따른 신고를 하지 아니하거나 거짓으로 신고를 하고 신고대상시설을 설치 또는 운영한 자

2. 제16조의3제1항에 따라 기술진단전문기관의 등록을 하지 아니하고 기술진단 업무를 대행한 자

3. 거짓이나 그 밖의 부정한 방법으로 제16조의3제1항에 따른 기술진단전문기관의 등록을 한 자

[전문개정 2018. 6. 12.]

제28조(벌칙) 다음 각 호의 어느 하나에 해당하는 자는 300만원 이하의 벌금에 처한다. 〈개정 2014. 3. 24., 2023. 3. 28.〉

1. 제10조제1항에 따른 개선명령을 이행하지 아니한 자

2. 제17조제1항에 따른 관계 공무원의 출입·채취 및 검사를 거부 또는 방해하거나 기피한 자

3. 제8조제4항을 위반하여 악취방지계획에 따라 악취방지에 필요한 조치를 하지 아니하고 악취배출시설을 가동한 자

4. 제8조제5항 및 제8조의2제3항에 따른 기간 이내에 악취방지계획에 따라 악취방지에 필요한 조치를 하지 아니한 자

[전문개정 2010. 2. 4.]

제29조(양벌규정) 법인의 대표자나 법인 또는 개인의 대리인, 사용인, 그 밖의 종업원이 그 법인 또는 개인의 업무에 관하여 제26조부터 제28조까지의 어느 하나에 해당하는 위반행위를 하면 그 행위자를 벌하는 외에 그 법인 또는 개인에게도 해당 조문의 벌금형을 과(科)한다. 다만, 법인 또는 개인이 그 위반행위를 방지하기 위하여 해당 업무에 관하여 상당한 주의와 감독을 게을리하지 아니한 경우

에는 그러하지 아니하다.

[전문개정 2010. 2. 4.]

제30조(과태료) ① 다음 각 호의 어느 하나에 해당하는 자에게는 200만원 이하의 과태료를 부과한다. 〈개정 2016. 1. 27., 2018. 6. 12.〉

1. 제14조제2항에 따른 조치명령을 이행하지 아니한 자

2. 제16조의2에 따른 기술진단을 실시하지 아니한 자

3. 제16조의3제2항에 따른 변경등록을 하지 아니하고 중요한 사항을 변경한 자

4. 제16조의4에 따른 준수사항을 지키지 아니한 자

② 다음 각 호의 어느 하나에 해당하는 자에게는 100만원 이하의 과태료를 부과한다.

1. 제8조제1항 후단 및 제8조의2제2항 후단에 따른 변경신고를 하지 아니하거나 거짓으로 변경신고를 한 자

2. 제17조제1항에 따른 보고를 하지 아니하거나 거짓으로 보고한 자 또는 자료를 제출하지 아니하거나 거짓으로 제출한 자

③ 제1항 및 제2항에 따른 과태료는 대통령령으로 정하는 바에 따라 기후에너지환경부장관, 시ㆍ도지사, 대도시의 장 또는 시장ㆍ군수ㆍ구청장이 부과ㆍ징수한다. 〈개정 2025. 10. 1.〉

[전문개정 2010. 2. 4.]

부칙 〈제7170호, 2004. 2. 9.〉

제1조 (시행일) 이 법은 공포후 1년이 경과한 날부터 시행한다.

제2조 (악취공정시험방법에 관한 경과조치) 이 법 시행 당시 대기환경보전법 제7조의 규정에 따라 고시된 대기오염공정시험방법중 악취오염에 관한 공정시험방법은 제5조의 규정에 따라 고시된 악취공정시험방법으로 본다.

제3조 (다른 법률의 개정) ①대기환경보전법중 다음과 같이 개정한다.

제2조제1호중 "가스ㆍ입자상물질 또는 악취물질로서"를 "가스ㆍ입자성물질로서"로 하고, 동조제7호를 삭제한다.

제28조의2제1항중 "이하 이 조 및 제30조에서 같다"를 "이하 이 조에서 같다"로 한다.

제29조를 삭제한다.

제30조를 삭제한다.

제49조제1항제5호를 삭제한다.

제57조제5호 및 제6호를 각각 삭제한다.

제59조제1항제5호의3을 삭제한다.

②환경기술개발및지원에관한법률중 다음과 같이 개정한다.

제2조제1호 가목중 "대기환경보전법 제2조제1호의 규정에 의한 대기오염물질"을 "대기환경보전법 제2조제1호의 규정에 의한 대기오염물질, 악취방지법 제2조제1호의 규정에 의한 악취"로 한다.

③학교보건법중 다음과 같이 개정한다.

제6조제1항제1호중 "대기환경보전법 및 수질환경보전법"을 "대기환경보전법ㆍ악취방지법 및 수질환경보전법"으로 한다.

④보건환경연구원법중 다음과 같이 개정한다.

제5조제1항제3호중 "대기환경보전법에 의한 대기·악취"를 "대기환경보전법에 의한 대기, 악취방지법에 의한 악취"로 한다.

⑤환경범죄의단속에관한특별조치법중 다음과 같이 개정한다.

제2조제2호 자목중 "대기환경보전법 제29조"를 "악취방지법 제15조"로 한다.

⑥사법경찰관리의직무를행할자와그직무범위에관한법률중 다음과 같이 개정한다.

제6조제19호에 처목을 다음과 같이 신설한다.

처. 악취방지법

제4조 (대기환경보전법의 개정에 따른 벌칙 등의 적용에 관한 경과조치) 이 법 시행전에 행한 종전의 대기환경보전법의 위반행위에 대한 벌칙 및 과태료의 적용에 있어서는 종전의 규정에 의한다.

부칙 〈제7459호, 2005. 3. 31.〉 (수질환경보전법)

제1조 (시행일) 이 법은 공포 후 1년이 경과한 날부터 시행한다.

제2조 내지 제4조 생략

제5조 (다른 법률의 개정) ①내지 ⑲생략

⑳악취방지법 일부를 다음과 같이 개정한다.

제12조제1항제4호중 "수질환경보전법 제25조"를 "「수질환경보전법」 제48조"로 한다.

㉑내지 ㊱생략

제6조 생략

부칙 〈제8014호, 2006. 9. 27.〉 (하수도법)

제1조 (시행일) 이 법은 공포 후 1년이 경과한 날부터 시행한다.

제2조 내지 제9조 생략

제10조 (다른 법률의 개정) ①내지 ㉘생략

㉙악취방지법 일부를 다음과 같이 개정한다.

제12조제1항제3호를 다음과 같이 한다.

3. 「하수도법」 제2조제10호의 규정에 따른 분뇨처리시설 및 「가축분뇨의 관리 및 이용에 관한 법률」 제2조제9호의 규정에 따른 공공처리시설

㉚내지 〈57〉생략

제11조 생략

부칙 〈제8038호, 2006. 10. 4.〉 (환경분야 시험·검사 등에 관한 법률)

제1조 (시행일) 이 법은 공포 후 1년이 경과한 날부터 시행한다. 〈단서 생략〉

제2조 내지 제9조 생략

제10조 (다른 법률의 개정) ①내지 ⑥생략

⑦악취방지법 일부를 다음과 같이 개정한다.

제5조를 삭제한다.

⑧내지 ⑪생략

제11조 생략

부칙 〈제8210호, 2007. 1. 3.〉

①(시행일) 이 법은 공포 후 6개월이 경과한 날부터 시행한다. 다만 제6조제1항의 개정규정은 공포 후 1년이 경과한 날부터 시행한다.

②(악취방지에 관한 종합적 시책의 적용기간에 관한 경과조치) 이 법 시행 후 제3조제4항의 개정규정에 따라 수립되는 악취방지에 관한 종합적 시책의 적용기간은 2008년 1월 1일부터 2017년 12월 31일까지로 한다.

③(「환경분야 시험·검사 등에 관한 법률」 제16조에 관한 경과조치) 제19조제4호 및 제5호가목의 개정규정 중 「환경분야 시험·검사 등에 관한 법률」 제16조는 법률 제8038호 「환경분야 시험·검사 등에 관한 법률」의 시행일 전일까지 「환경기술개발 및 지원에 관한 법률」 제17조로 본다.

부칙 〈제8371호, 2007. 4. 11.〉 (폐기물관리법)

제1조 (시행일) 이 법은 공포한 날부터 시행한다. 〈단서 생략〉

제2조 내지 제8조 생략

제9조 (다른 법률의 개정) ①내지 ㉒생략

㉓악취방지법 일부를 다음과 같이 개정한다.

제12조제1항제5호 중 "폐기물관리법 제2조제7호"를 "「폐기물관리법」 제2조제8호"로 한다.

㉔내지 ㊻생략

제10조 생략

부칙 〈제8466호, 2007. 5. 17.〉 (수질 및 수생태계 보전에 관한 법률)

제1조 (시행일) 이 법은 공포 후 6개월이 경과한 날부터 시행한다.

제2조 및 제3조 생략

제4조 (다른 법률의 개정) ①부터 ㉔까지 생략

㉕악취방지법 일부를 다음과 같이 개정한다.

제12조제1항제4호 중 "「수질환경보전법」"을 "「수질 및 수생태계 보전에 관한 법률」"로 한다.

㉖부터 〈55〉까지 생략

제5조 생략

부칙 〈제8957호, 2008. 3. 21.〉 (환경기술개발 및 지원에 관한 법률)

제1조(시행일) 이 법은 공포한 날부터 시행한다.

제2조(다른 법률의 개정) ① 부터 ③ 까지 생략

④ 악취방지법 일부를 다음과 같이 개정한다.

제19조제5호나목 중 "「환경기술개발 및 지원에 관한 법률」 제18조"를 "「환경기술개발 및 지원에 관한 법률」 제15조"로 한다.

⑤ 부터 ⑧ 까지 생략

제3조 생략

부칙 〈제10031호, 2010. 2. 4.〉

제1조(시행일) 이 법은 공포 후 1년이 경과한 날부터 시행한다.

제2조(일반적 경과조치) 이 법 시행 당시 종전의 규정에 따라 도지사(그 관할구역 내에 대도시가 포함되어 있는 도의 도지사를 말한다. 이하 이 조에서 같다)가 한 지정·고시나 그 밖의 행위 및 도지사에 대한 행위는 이 법에 따른 대도시의 장의 지정·고시나 그 밖의 행위 및 대도시의 장에 대한 행위로 본다.
제3조(기술진단 실시에 관한 경과조치) 시·도지사, 대도시의 장 및 시장·군수·구청장은 이 법 시행 후 2년 이내에 제16조의2의 개정규정에 따른 기술진단을 실시하여야 한다.
제4조(다른 법률의 개정) 환경범죄의단속에관한특별조치법 일부를 다음과 같이 개정한다.

제2조제2호자목을 삭제한다.

부칙 <제11259호, 2012. 2. 1.>

이 법은 공포한 날부터 시행한다. 다만, 제4조제1항 및 제7조제2항의 개정규정은 2012년 7월 1일부터 시행하고, 제8조의3제1항·제2항 및 제5항의 개정규정 중 악취공공처리시설에 관한 부분은 공포 후 1년이 경과한 날부터 시행한다.

부칙 <제11911호, 2013. 7. 16.>

이 법은 공포한 날부터 시행한다.

부칙 <제11915호, 2013. 7. 16.> (하수도법)

제1조(시행일) 이 법은 공포한 날부터 시행한다. <단서 생략>

제2조 생략

제3조(다른 법률의 개정) ①부터 ③까지 생략

④ 악취방지법 일부를 다음과 같이 개정한다.

제16조 중 "하수관거(下水管渠)"를 "하수관로"로 한다.

⑤ 및 ⑥ 생략

부칙 〈제11998호, 2013. 8. 6.〉 (지방세외수입금의 징수 등에 관한 법률)

제1조(시행일) 이 법은 공포 후 1년이 경과한 날부터 시행한다.

제2조 생략

제3조(다른 법률의 개정) ①부터 ⑳까지 생략

㊶ 악취방지법 일부를 다음과 같이 개정한다.

제12조제3항 중 "지방세 체납처분의 예에 따라 징수한다"를 "「지방세외수입금의 징수 등에 관한 법률」에 따라 징수한다"로 한다.

㊷부터 〈71〉까지 생략

부칙 〈제12520호, 2014. 3. 24.〉

이 법은 공포 후 6개월이 경과한 날부터 시행한다.

부칙 〈제13531호, 2015. 12. 1.〉

이 법은 공포한 날부터 시행한다.

부칙 〈제13879호, 2016. 1. 27.〉 (수질 및 수생태계 보전에

관한 법률)

제1조(시행일) 이 법은 공포 후 1년이 경과한 날부터 시행한다. 〈단서 생략〉

제2조 부터 제11조까지 생략

제12조(다른 법률의 개정) ①부터 ⑨까지 생략

⑩ 악취방지법 일부를 다음과 같이 개정한다.

제12조제1항제4호를 다음과 같이 한다.

4. 「수질 및 수생태계 보전에 관한 법률」 제2조제17호에 따른 공공폐수처리시설

제16조의2제1항제3호를 다음과 같이 한다.

3. 「수질 및 수생태계 보전에 관한 법률」 제2조제17호에 따른 공공폐수처리시설

⑪부터 ⑳까지 생략

부칙 〈제13881호, 2016. 1. 27.〉

이 법은 공포 후 6개월이 경과한 날부터 시행한다.

부칙 〈제14491호, 2016. 12. 27.〉

이 법은 공포 후 6개월이 경과한 날부터 시행한다.

부칙 〈제14532호, 2017. 1. 17.〉 (물환경보전법)

제1조(시행일) 이 법은 공포 후 1년이 경과한 날부터 시행한다. 다만, 부칙 제6조에 따라 개정되는 법률 중 이 법 시행 전에 공포되

었으나 시행일이 도래하지 아니한 법률을 개정한 부분은 각각 해당 법률의 시행일부터 시행한다.

제2조 부터 제5조까지 생략

제6조(다른 법률의 개정) ①부터 ㊽까지 생략

㊾ 악취방지법 일부를 다음과 같이 개정한다.

제12조제1항제4호 및 제16조의2제1항제3호 중 "「수질 및 수생태계 보전에 관한 법률」 제2조제17호"를 각각 "「물환경보전법」 제2조제17호"로 한다.

㊿부터 〈89〉까지 생략

제7조 생략

부칙 〈제15655호, 2018. 6. 12.〉

제1조(시행일) 이 법은 공포 후 1년이 경과한 날부터 시행한다.

제2조(금치산자 등에 대한 경과조치) 제16조의5제1호의 개정규정에 따른 피성년후견인 또는 피한정후견인에는 법률 제10429호 민법 일부개정법률 부칙 제2조에 따라 금치산 또는 한정치산 선고의 효력이 유지되는 사람을 포함하는 것으로 본다.

부칙 〈제17091호, 2020. 3. 24.〉 (지방행정제재ㆍ부과금의 징수 등에 관한 법률)

제1조(시행일) 이 법은 공포한 날부터 시행한다. 다만, 다음 각 호의 개정규정은 각 호의 구분에 따른 날부터 시행한다.

1. 및 2. 생략

3. 부칙 제4조제44항 및 제62항: 2020년 8월 28일

4. 생략

제2조 및 제3조 생략

제4조(다른 법률의 개정) ①부터 〈61〉까지 생략

〈62〉 악취방지법 일부를 다음과 같이 개정한다.

제12조제3항 중 "「지방세외수입금의 징수 등에 관한 법률」"을 "「지방행정제재 · 부과금의 징수 등에 관한 법률」"로 한다.

〈63〉부터 〈102〉까지 생략

제5조 생략

부칙 〈제17326호, 2020. 5. 26.〉 (법률용어 정비를 위한 환경노동위원회 소관 65개 법률 일부개정을 위한 법률)

이 법은 공포한 날부터 시행한다. 〈단서 생략〉

부칙 〈제17845호, 2021. 1. 5.〉

이 법은 공포한 날부터 시행한다.

부칙 〈제19310호, 2023. 3. 28.〉

제1조(시행일) 이 법은 공포 후 6개월이 경과한 날부터 시행한다.

제2조(악취관리지역 지정 권고 및 이행에 관한 적용례) 제6조제8항의 개정규정은 이 법 시행 이후 완료되는 악취발생 실태 조사 결과부터 적용한다.

제3조(이행계획의 제출에 관한 적용례) ① 제10조제2항의 개정규정

은 이 법 시행 이후 개선명령을 받은 경우부터 적용한다.

② 제14조제3항의 개정규정은 이 법 시행 이후 조치명령을 받은 경우부터 적용한다.

제4조(악취검사기관의 준수사항 위반 시 지정취소에 관한 적용례) 제19조제1항제4호의 개정규정은 이 법 시행 이후 제18조제5항에 따른 악취검사기관의 준수사항을 지키지 아니한 경우부터 적용한다.

부칙 〈제21065호, 2025. 10. 1.〉 (정부조직법)

제1조(시행일) 이 법은 공포한 날부터 시행한다. 다만, 부칙 제7조에 따라 개정되는 법률 중 이 법 시행 전에 공포되었으나 시행일이 도래하지 아니한 법률을 개정한 부분은 각각 해당 법률의 시행일부터 · · · 〈생략〉 · · · 시행한다.

1. 및 2. 생략

제2조 부터 제6조까지 생략

제7조(다른 법률의 개정) ①부터 〈358〉까지 생략

〈359〉 악취방지법 일부를 다음과 같이 개정한다.

제2조제2호 · 제3호, 제4조제1항 · 제2항, 제6조제1항제2호나목, 같은 조 제4항 · 제9항, 제7조제1항부터 제3항까지, 제8조제1항 전단 · 후단, 같은 조 제2항 단서, 제8조의2제2항 전단 · 후단, 제8조의3제3항 · 제5항, 제10조제2항, 제11조제2항, 제12조제2항, 제13조제2항, 제14조제3항, 제16조의2제2항 · 제3항, 제16조의3제2항 · 제3항, 제16조의6제2항, 제17조제1항 각 호 외의 부분, 같은 조 제5항, 제18조제2항 · 제5항, 제19조제2항 및 제23조 중 "환경부령"을

각각 "기후에너지환경부령"으로 한다.

제2조제3호, 제3조제4항, 제4조제1항부터 제3항까지, 제6조제3항 전단, 같은 조 제5항, 같은 조 제7항 전단, 같은 조 제8항 전단, 제7조제1항 · 제4항, 제16조의2제1항제6호, 같은 조 제2항, 제16조의3제1항 · 제2항, 제16조의6제1항 각 호 외의 부분 본문, 제17조제1항 각 호 외의 부분, 같은 조 제2항부터 제4항까지, 제18조제1항 각 호 외의 부분, 같은 항 제4호, 같은 조 제3항 · 제4항, 제19조제1항 각 호 외의 부분 본문, 제20조 전단, 제21조제1항, 제22조 각 호 외의 부분, 제24조제1항 · 제3항 및 제30조제3항 중 "환경부장관"을 각각 "기후에너지환경부장관"으로 한다.

제24조제1항 중 "환경부"를 "기후에너지환경부"로 한다.

〈360〉부터 〈626〉까지 생략

제8조 생략

악취방지법 시행령

[시행 2025. 10. 1.] [대통령령 제35804호, 2025. 10. 1., 타법개정]

**개정 예정 법률 밑줄 별도 표시.

악취방지법 시행령

[시행 2025. 10. 1.] [대통령령 제35804호, 2025. 10. 1., 타법개정]

제1조(목적) 이 영은 「악취방지법」에서 위임된 사항과 그 시행에 필요한 사항을 규정함을 목적으로 한다.

[전문개정 2011. 1. 26.]

제1조의2(엄격한 배출허용기준의 적용) ① 「악취방지법」(이하 "법"이라 한다) 제7조제2항에서 "대통령령으로 정하는 시설"이란 다음 각 호의 시설을 말한다.

1. 법 제6조제1항에 따라 악취관리지역으로 지정된 지역(이하 "악취관리지역"이라 한다)에 있는 시설

2. 악취관리지역 외의 지역에 있는 다음 각 목의 시설

가. 「학교보건법」 제2조제2호에 따른 학교의 부지 경계선으로부터 1킬로미터 이내에 있는 시설

나. 법 제8조의2제3항에 따른 악취방지에 필요한 조치기간이 지난 시설로서 악취와 관련된 민원이 1년 이상 지속되고 복합악취나 지정악취물질이 법 제7조제1항에 따른 배출허용기준(이하 "배출허용기준"이라 한다)을 초과하는 시설

② 특별시 · 광역시 · 도(그 관할구역 중 인구 50만 이상의 시는 제외한다) · 특별자치시 · 특별자치도 또는 인구 50만 이상의 시가 법

제7조제2항에 따라 조례로 엄격한 배출허용기준을 정하는 경우에는 이를 준수하는 데 필요한 준비기간을 고려하여 조례로 정하는 바에 따라 1년의 범위에서 그 기준을 적용하지 아니할 수 있다. 〈개정 2012. 10. 9.〉

[본조신설 2011. 1. 26.]

제2조(조치기간의 연장 사유) 법 제8조제5항 단서 및 제8조의2제3항 단서에서 "그 조치에 특수한 기술이 필요한 경우 등 대통령령으로 정하는 사유"란 다음 각 호의 어느 하나에 해당하는 경우를 말한다. 〈개정 2011. 10. 28.〉

1. 국내에서 확보할 수 없는 특수한 악취방지기술의 도입에 장기간이 걸려 조치기간 연장이 불가피한 경우

2. 「환경기술 및 환경산업 지원법」 제7조에 따른 신기술인증이나 기술검증을 받은 악취방지기술로 모두 교체하는 경우

3. 24시간 연속 가동하는 사업장으로서 공정의 특성상 가동이 중단되면 제품 생산에 막대한 지장을 줄 우려가 있는 경우

4. 천재지변, 화재 또는 그 밖의 불가항력적인 사유로 악취방지시설을 설치할 수 없는 경우

[전문개정 2011. 1. 26.]

제3조(개선명령의 조치기간) ① 특별시장ㆍ광역시장ㆍ도지사(그 관할 구역 중 인구 50만 이상의 시는 제외한다. 이하 같다)ㆍ특별자치시장ㆍ특별자치도지사(이하 "시ㆍ도지사"라 한다) 또는 인구 50만 이상의 시의 장(이하 "대도시의 장"이라 한다)은 법 제10조제1항에 따른 개선명령을 할 때에는 악취의 제거 또는 억제 등의 조치에 걸리

는 기간을 고려하여 1년의 범위에서 조치기간을 정할 수 있다. 〈개정 2012. 10. 9., 2023. 9. 27.〉

② 시·도지사 또는 대도시의 장은 법 제10조제1항에 따른 개선명령을 받은 신고대상시설 운영자가 천재지변이나 그 밖의 부득이한 사유로 제1항에 따른 조치기간에 조치를 끝낼 수 없는 경우에는 그 신고대상시설 운영자의 신청을 받아 6개월의 범위에서 조치기간을 연장할 수 있다. 이 경우 연장신청은 제1항의 조치기간이 끝나기 전에 해야 한다. 〈개정 2023. 9. 27.〉

[전문개정 2011. 1. 26.]

제4조(신고대상시설 운영자의 자진 개선) ① 신고대상시설 운영자는 다음 각 호의 어느 하나에 해당하는 경우로서 배출허용기준을 초과하여 악취를 배출하게 될 때에는 법 제17조에 따른 해당 신고대상시설에 대한 검사 전에 악취배출시설 또는 악취방지시설의 개선사유, 개선기간, 개선내용, 개선기간 중의 오염물질 예상배출량·배출농도 및 악취저감관리계획, 개선 이후 운영관리계획 등을 적은 개선계획서를 시·도지사 또는 대도시의 장에게 자진하여 제출하고 악취배출시설 또는 악취방지시설을 개선할 수 있다.

1. 악취배출시설 또는 악취방지시설의 개선·변경·점검 또는 보수를 위하여 부득이한 경우

2. 주요 기계장치 등의 돌발적 사고로 인하여 악취배출시설 또는 악취방지시설을 적절하게 운영할 수 없는 경우

3. 단전(斷電)·단수(斷水)로 악취배출시설 또는 악취방지시설을 적절하게 운영할 수 없는 경우

4. 천재지변, 화재 또는 그 밖의 불가항력적인 사유로 악취배출시설 또는 악취방지시설을 적절하게 운영할 수 없는 경우

② 시·도지사 또는 대도시의 장은 제1항에 따라 신고대상시설 운영자가 개선계획서를 제출한 경우에는 개선기간 동안 법 제10조제1항에 따른 개선명령을 하지 않을 수 있다. 〈개정 2023. 9. 27.〉

[전문개정 2011. 1. 26.]

제5조(과징금 처분대상 악취배출시설) 법 제12조제1항제6호에서 "대통령령으로 정하는 악취배출시설"이란 다음 각 호의 시설을 말한다.

1. 축산시설

2. 유기·무기화합물 제조시설. 다만, 해당 시설의 사용을 중지할 경우 해당 시설 안에 투입된 원료·부원료(副原料)·용수(用水) 또는 제품[반제품(半製品)을 포함한다] 등이 화학반응 등을 일으켜 폭발 또는 화재 등의 사고가 발생할 우려가 있는 시설로 한정한다.

[전문개정 2011. 1. 26.]

제6조(개선권고 등에 관한 조치기간) ① 특별자치시장, 특별자치도지사, 대도시의 장 또는 시장(대도시의 장은 제외한다. 이하 같다)·군수·구청장(자치구의 구청장을 말한다. 이하 같다)은 법 제14조제1항에 따른 개선권고 또는 같은 조 제2항에 따른 조치명령을 할 때에는 악취의 제거 또는 억제 등의 조치에 걸리는 기간을 고려하여 6개월의 범위에서 조치기간을 정하여야 한다. 〈개정 2014. 9. 18., 2019. 6. 11.〉

② 특별자치시장, 특별자치도지사, 대도시의 장 또는 시장·군수·구청장은 법 제14조제1항에 따른 개선권고 또는 같은 조 제2항에

따른 조치명령을 받은 자가 천재지변이나 그 밖의 부득이한 사유로 제1항에 따른 조치기간에 조치를 끝낼 수 없는 경우에는 해당 개선권고 또는 조치명령을 받은 자의 신청을 받아 3개월의 범위에서 조치기간을 연장할 수 있다. 이 경우 연장신청은 제1항의 조치기간이 끝나기 전에 하여야 한다. 〈개정 2014. 9. 18., 2019. 6. 11.〉

[전문개정 2011. 1. 26.]

[제목개정 2019. 6. 11.]

제7조(개선명령 등의 이행 확인 등) ① 다음 각 호의 어느 하나에 해당하는 자는 해당 개선명령 등에 따른 조치사항을 이행한 경우에는 그 사실을 시ㆍ도지사, 대도시의 장 또는 시장ㆍ군수ㆍ구청장에게 알려야 한다. 〈개정 2023. 9. 27.〉

1. 법 제10조제1항에 따른 개선명령을 받은 신고대상시설 운영자

2. 법 제14조제1항에 따른 개선권고 또는 같은 조 제2항에 따른 조치명령을 받은 악취배출시설 운영자

3. 제4조제1항에 따라 개선계획서를 제출한 신고대상시설 운영자

② 시ㆍ도지사, 대도시의 장 또는 시장ㆍ군수ㆍ구청장은 제1항에 따라 통지를 받거나 조치기간이 끝난 경우에는 관계 공무원이 지체 없이 그 이행상태를 확인하게 해야 한다. 이 경우 악취검사가 필요하면 시료를 채취하여 법 제18조제1항에 따른 악취검사기관(이하 "악취검사기관"이라 한다)에 악취검사를 의뢰해야 한다.

[전문개정 2019. 6. 11.]

제7조의2(기술진단전문기관의 등록요건 등) ① 법 제16조의3제1항에서 "대통령령으로 정하는 시설ㆍ장비 및 기술인력 등의 요건"이란

별표 1에 따른 등록요건을 말한다.

② 법 제16조의4제5호에서 “기술진단 실적의 보고 등 대통령령으로 정하는 사항”이란 다음 각 호의 사항을 말한다. 〈개정 2021. 12. 28., 2025. 10. 1.〉

1. 전년도 기술진단 실적을 기후에너지환경부장관에게 매년 1월 31일까지 보고할 것

2. 기술진단 결과에 대한 보고서(이하 이 조에서 “기술진단 결과보고서”라 한다)와 그 작성의 기초가 되는 자료를 거짓으로 또는 부실하게 작성하지 않을 것

3. 다른 기술진단 결과보고서의 주요 내용을 복제하여 기술진단 결과보고서를 작성하지 않을 것

4. 기술진단을 위한 시험·분석업무를 실시하는 경우 「환경분야 시험·검사 등에 관한 법률」 제6조제1항제4호에 따른 악취 분야 환경오염공정시험기준을 준수할 것

5. 기술진단 업무에 사용되는 측정기기가 「환경분야 시험·검사 등에 관한 법률」 제9조제1항 본문에 따른 형식승인 대상 측정기기인 경우에는 형식승인을 받은 측정기기를 사용하고, 같은 법 제11조제1항에 따라 정도검사(精度檢査)를 받을 것

6. 기후에너지환경부장관이 기술진단 대상시설의 종류·규모 등을 고려하여 고시하는 기술진단 비용에 관한 기준을 준수할 것

7. 법 제16조의3제2항에 따른 기술진단전문기관(이하 “기술진단전문기관”이라 한다)이 「하수도법」 제74조제3항에 따라 지방자치단체의 공공하수도에 관한 공사 업무(관리 업무를 포함한다)를 위탁받

은 관계전문기관 또는 그 계열회사(「독점규제 및 공정거래에 관한 법률」 제2조제12호에 따른 계열회사를 말한다)에 해당하는 경우에는 그 위탁기간 동안 해당 지방자치단체의 공공하수도에 대한 기술진단 업무를 대행하지 않을 것

[본조신설 2019. 6. 11.]

제8조(관계 기관의 협조) 법 제20조 전단에서 "대통령령으로 정하는 사항"이란 다음 각 호의 사항을 말한다. 〈개정 2014. 7. 16.〉

1. 법 제4조에 따른 악취발생 실태조사를 원활히 수행하기 위하여 필요한 자료의 제출

2. 하수관로 · 하천 · 호소(湖沼) · 항만 등 공공수역의 악취방지대책 수립을 위하여 필요한 자료의 제출

[전문개정 2011. 1. 26.]

제8조의2(기후에너지환경부장관의 악취저감을 위한 재정적 · 기술적 지원의 대상 및 절차) ① 기후에너지환경부장관은 법 제21조제1항에 따라 다음 각 호의 어느 하나에 해당하는 사업장 중 악취저감에 필요한 재정적 · 기술적 지원이 필요하다고 인정하는 사업장에 대하여 지원을 할 수 있다. 다만, 「환경친화적 산업구조로의 전환촉진에 관한 법률」 제7조에 따라 청정생산지원센터로부터 악취를 저감하기 위하여 기술적 지원을 받는 사업장은 본문에 따른 기술적 지원 대상에서 제외한다. 〈개정 2016. 12. 30., 2020. 3. 3., 2023. 9. 27., 2025. 10. 1.〉

1. 「중소기업기본법」 제2조제1항에 따른 중소기업의 사업장 중 다음 각 목의 어느 하나에 해당하는 사업장

가. 악취배출시설을 설치한 사업장

나. 지방자치단체의 장이 악취저감에 필요한 재정적·기술적 지원을 요청한 사업장

다. 법 제16조의7제1항에 따른 생활악취를 유발하는 시설을 설치한 사업장

2. 삭제 〈2016. 12. 30.〉

3. 그 밖에 기후에너지환경부장관이 악취관리를 위하여 특별한 조치가 필요하다고 인정하는 사업장

② 제1항에 따라 악취저감에 필요한 기술적 지원(이하 "악취저감기술 지원"이라 한다)을 받으려는 자는 기후에너지환경부령으로 정하는 바에 따라 기후에너지환경부장관에게 신청해야 한다. 이 경우 해당 사업장을 관할하는 지방자치단체의 장은 악취저감기술 지원에 필요한 의견을 기후에너지환경부장관에게 제출할 수 있다. 〈개정 2023. 9. 27., 2025. 10. 1.〉

③ 제2항에 따라 신청을 받은 기후에너지환경부장관은 대상 사업장의 특성을 고려하여 악취저감기술 지원 계획을 확정하고, 이를 악취저감기술 지원 개시 7일 전까지 신청인에게 통보하여야 한다. 이 경우 악취저감기술 지원 계획을 확정하기 위하여 필요한 경우에는 「환경기술 및 환경산업 지원법」 제10조에 따른 녹색환경지원센터, 해당 사업장을 관할하는 지방자치단체의 장 또는 악취저감과 관련된 전문기관의 의견을 들을 수 있다. 〈개정 2025. 10. 1.〉

④ 악취저감기술 지원을 신청하거나 악취저감기술 지원을 받은 자가 해당 시설, 생산공정 및 생산제품 등과 관련된 정보의 보호를 기

후에너지환경부장관 또는 지방자치단체의 장에게 요청한 경우에는 요청을 받은 기후에너지환경부장관 또는 지방자치단체의 장은 정보가 공개되거나 누설되지 아니하도록 하여야 한다. 〈개정 2025. 10. 1.〉

⑤ 제1항부터 제4항까지에서 규정한 사항 외에 악취저감기술 지원에 필요한 세부적인 사항은 기후에너지환경부령으로 정한다. 〈개정 2025. 10. 1.〉

[본조신설 2012. 10. 9.]

[제목개정 2023. 9. 27., 2025. 10. 1.]

제8조의3(시·도지사 등의 악취저감을 위한 재정적·기술적 지원의 대상 및 절차) ① 시·도지사가 법 제21조제1항에 따른 악취저감에 필요한 재정적·기술적 지원을 하는 경우의 지원 대상에 관하여는 제8조의2제1항을 준용한다. 이 경우 "기후에너지환경부장관"은 "시·도지사"로, "지방자치단체의 장"은 "시장(대도시의 장을 포함한다)·군수·구청장"으로 본다. 〈개정 2025. 10. 1.〉

② 대도시의 장이 법 제21조제1항에 따른 악취저감에 필요한 재정적·기술적 지원을 하는 경우의 지원 대상에 관하여는 제8조의2제1항(같은 항 제1호나목은 제외한다)을 준용한다. 이 경우 "기후에너지환경부장관"은 "대도시의 장"으로 본다. 〈개정 2025. 10. 1.〉

③ 제1항 및 제2항에 따른 시·도지사 또는 대도시의 장의 악취저감기술 지원의 절차는 해당 지방자치단체의 장이 정한다.

[본조신설 2023. 9. 27.]

제9조(권한·업무의 위임과 위탁) ① 기후에너지환경부장관은 법 제24조제1항에 따라 다음 각 호의 권한을 유역환경청장(한강유역환경

청장은 제외한다. 이하 이 항에서 같다), 지방환경청장 또는 수도권대기환경청장에게 위임한다. 〈개정 2019. 6. 11., 2020. 3. 3., 2023. 9. 27., 2025. 10. 1.〉

1. 법 제16조의2제2항에 따른 악취저감 등의 조치를 이행하기 위한 계획의 접수

1의2. 법 제16조의3제1항에 따른 등록 및 같은 조 제2항에 따른 변경등록

2. 법 제16조의6제1항에 따른 등록취소 또는 업무정지 명령

3. 법 제17조에 따른 보고·자료제출 명령 및 검사(유역환경청장, 지방환경청장 또는 수도권대기환경청장에게 위임된 권한에 관한 사항만 해당한다)

4. 법 제22조제2호의2에 따른 청문

5. 법 제30조제1항제2호부터 제4호까지의 규정에 따른 과태료의 부과·징수

6. 제7조의2제2항제1호에 따른 전년도 기술진단 실적 보고의 접수

② 기후에너지환경부장관은 법 제24조제1항에 따라 다음 각 호의 권한을 국립환경과학원장에게 위임한다. 〈개정 2016. 6. 28., 2025. 10. 1.〉

1. 법 제18조제1항·제3항 및 제4항에 따른 악취검사기관의 지정, 지정사항 변경보고의 접수 및 지정서의 발급·공고에 관한 사항

2. 법 제19조에 따른 지정취소 및 업무정지

3. 법 제22조제3호에 따른 청문

③ 시·도지사는 법 제24조제2항에 따라 다음 각 호의 권한을 시

장 · 군수 · 구청장에게 위임한다. 〈개정 2014. 9. 18., 2016. 6. 28., 2016. 12. 30., 2019. 6. 11., 2023. 9. 27.〉

1. 법 제8조제1항에 따른 악취배출시설의 설치신고 · 변경신고의 수리

2. 법 제8조제5항 단서 및 제8조의2제3항 단서에 따른 조치기간의 연장승인

3. 법 제8조의2제1항에 따른 신고대상시설의 지정 · 고시

4. 법 제8조의2제2항에 따른 악취배출시설의 운영 · 변경신고의 수리

5. 법 제10조제1항에 따른 개선명령 및 같은 조 제2항에 따른 개선명령을 이행하기 위한 계획의 접수

6. 법 제11조에 따른 조업정지명령

7. 법 제12조에 따른 과징금의 부과 · 징수

8. 법 제13조에 따른 사용중지명령 및 폐쇄명령

9. 법 제16조의7제1항에 따른 생활악취 방지를 위한 대책의 수립 · 시행

10. 법 제17조에 따른 보고 · 자료제출 명령 및 검사(시장 · 군수 · 구청장에게 위임된 권한에 관한 사항만 해당한다)

11. 법 제22조제1호 및 제2호에 따른 청문

12. 법 제30조제1항제1호 및 같은 조 제2항에 따른 과태료의 부과 · 징수

13. 제4조에 따른 개선계획서의 접수

④ 기후에너지환경부장관은 법 제24조제3항에 따라 다음 각 호의

업무를 「한국환경공단법」에 따른 한국환경공단에 위탁한다. 〈신설 2012. 10. 9., 2016. 6. 28., 2019. 6. 11., 2025. 10. 1.〉

1. 법 제4조제3항에 따른 악취발생 실태 조사 업무

2. 법 제21조에 따른 악취저감기술 지원 업무

[전문개정 2011. 1. 26.]

[제목개정 2012. 10. 9.]

제9조의2(규제의 재검토) 기후에너지환경부장관은 제7조의2제1항 및 별표 1에 따른 기술진단전문기관의 등록요건에 대하여 2022년 1월 1일을 기준으로 3년마다(매 3년이 되는 해의 기준일과 같은 날 전까지를 말한다) 그 타당성을 검토하여 개선 등의 조치를 해야 한다. 〈개정 2025. 10. 1.〉

[본조신설 2022. 3. 8.]

제10조(과태료의 부과기준) ① 법 제30조제1항 및 제2항에 따른 과태료의 부과기준은 별표 2와 같다. 〈개정 2019. 6. 11.〉

② 법 제30조제1항 및 제2항에 따른 과태료의 부과권자는 다음 각 호의 구분에 따른다. 〈개정 2016. 6. 28., 2019. 6. 11., 2025. 10. 1.〉

1. 법 제30조제1항제1호의 경우: 특별자치시장, 특별자치도지사, 대도시의 장 또는 시장ㆍ군수ㆍ구청장

2. 법 제30조제1항제2호부터 제4호까지의 규정의 경우: 기후에너지환경부장관

3. 법 제30조제2항제1호의 경우: 시ㆍ도지사 또는 대도시의 장

4. 법 제30조제2항제2호의 경우: 기후에너지환경부장관, 시ㆍ도지

사 또는 대도시의 장

[전문개정 2011. 1. 26.]

부칙 〈제18695호, 2005. 2. 7.〉

제1조 (시행일) 이 영은 2005년 2월 10일부터 시행한다.

제2조 (다른 법령의 개정) ①대기환경보전법시행령 일부를 다음과 같이 개정한다.

제16조제1항제10호를 삭제한다.

제17조제2항제1호 나목 및 제2호 나목을 각각 삭제하고, 동조제3항중 "배출허용기준 초과율별 부과계수, 악취농도별 부과계수 및 지역별 부과계수"를 "배출허용기준 초과율별 부과계수 및 지역별 부과계수"로 한다.

제39조의2 및 제39조의3을 각각 삭제한다.

제48조제1항제19호 자목을 삭제하고, 동호 차목중 "제4호의2 · 제4호의3 및 제5호"를 "제4호의2 및 제4호의3"으로 한다.

별표 3중 악취란 및 악취농도별 부과계수란을 각각 삭제한다.

②환경기술개발및지원에관한법률시행령 일부를 다음과 같이 개정한다.

제22조제8호를 제9호로 하고, 동조에 제8호를 다음과 같이 신설한다.

8. 「악취방지법」 제18조제1항의 규정에 의한 악취검사기관

③환경 · 교통 · 재해등에관한영향평가법시행령 일부를 다음과 같이 개정한다.

별표 2 제1호중 악취란 및 악취농도별 부과계수란을 각각 삭제한다.

부칙 〈제20297호, 2007. 9. 28.〉 (환경분야 시험·검사 등에 관한 법률 시행령)

제1조 (시행일) 이 영은 2007년 10월 5일부터 시행한다. 〈단서 생략〉

제2조 (다른 법령의 개정) ① 부터 ④ 까지 생략

⑤ 악취방지법 시행령 일부를 다음과 같이 개정한다.

제9조제1항제1호를 삭제한다.

⑥ 부터 ⑪ 까지 생략

제3조 생략

부칙 〈제22639호, 2011. 1. 26.〉

제1조(시행일) 이 영은 2011년 2월 5일부터 시행한다.

제2조(과태료 부과처분에 관한 경과조치) ① 이 영 시행 전의 위반행위에 대하여 과태료의 부과기준을 적용할 때에는 별표의 개정규정에도 불구하고 종전의 예에 따른다.

② 이 영 시행 전의 위반행위로 받은 과태료 부과처분은 별표의 개정규정에 따른 위반행위의 횟수 산정에 포함한다.

부칙 〈제23267호, 2011. 10. 28.〉 (환경기술 및 환경산업 지원법 시행령)

제1조(시행일) 이 영은 2011년 10월 29일부터 시행한다.

제2조(다른 법령의 개정) ①부터 ⑨까지 생략

⑩ 악취방지법 시행령 일부를 다음과 같이 개정한다.

제2조제2호 중 “「환경기술개발 및 지원에 관한 법률」”을 “「환경기술 및 환경산업 지원법」”으로 한다.

⑪부터 ⑱까지 생략

제3조 생략

부칙 〈제24135호, 2012. 10. 9.〉

이 영은 공포한 날부터 시행한다.

부칙 〈제25478호, 2014. 7. 16.〉 (하수도법 시행령)

제1조(시행일) 이 영은 2014년 7월 17일부터 시행한다.

제2조(다른 법령의 개정) ①부터 ③까지 생략

④ 악취방지법 시행령 일부를 다음과 같이 개정한다.

제8조제2호 중 “하수관거”를 “하수관로”로 한다.

⑤부터 ⑦까지 생략

부칙 〈제25613호, 2014. 9. 18.〉

이 영은 2014년 9월 25일부터 시행한다.

부칙 〈제27278호, 2016. 6. 28.〉

이 영은 2016년 7월 28일부터 시행한다.

부칙 〈제27735호, 2016. 12. 30.〉

이 영은 공포한 날부터 시행한다.

부칙 〈제29842호, 2019. 6. 11.〉

이 영은 2019년 6월 13일부터 시행한다.

부칙 〈제30505호, 2020. 3. 3.〉

이 영은 공포한 날부터 시행한다.

부칙 〈제32274호, 2021. 12. 28.〉 (독점규제 및 공정거래에 관한 법률 시행령)

제1조(시행일) 이 영은 2021년 12월 30일부터 시행한다.

제2조 부터 제12조까지 생략

제13조(다른 법령의 개정) ①부터 ㊼까지 생략

㊽ 악취방지법 시행령 일부를 다음과 같이 개정한다.

제7조의2제2항제7호 중 "「독점규제 및 공정거래에 관한 법률」 제2조제3호"를 "「독점규제 및 공정거래에 관한 법률」 제2조제12호"로 한다.

㊾부터 〈68〉까지 생략

제14조 생략

부칙 〈제32528호, 2022. 3. 8.〉 (규제 재검토기한 설정 해제 등을 위한 91개 법령의 일부개정에 관한 대통령령)

이 영은 공포한 날부터 시행한다.

부칙 〈제33192호, 2022. 12. 30.〉 (소상공인 경제회복 지원을 위한 18개 법령의 일부개정에 관한 대통령령)

제1조(시행일) 이 영은 공포한 날부터 시행한다.

제2조(행정처분·과징금 또는 과태료에 관한 적용례) 제1조부터 제18조까지의 개정규정은 이 영 시행 전의 위반행위에 대하여 이 영 시행 이후 행정처분을 하거나 과징금 또는 과태료 부과처분을 하는 경우에도 적용한다.

부칙 〈제33774호, 2023. 9. 27.〉

이 영은 2023년 9월 29일부터 시행한다.

부칙 〈제34988호, 2024. 11. 12.〉 (소상공인 등의 경영활성화 지원을 위한 22개 법령의 일부개정에 관한 대통령령)

제1조(시행일) 이 영은 공포한 날부터 시행한다. 〈단서 생략〉

제2조 부터 제6조까지 생략

부칙 〈제35804호, 2025. 10. 1.〉 (기후에너지환경부와 그 소속기관 직제)

제1조(시행일) 이 영은 공포한 날부터 시행한다. 다만, 부칙 제6조에 따라 개정되는 대통령령 중 이 영 시행 전에 공포되었으나 시행일이 도래하지 아니한 대통령령을 개정한 부분은 각각 해당 대통령령의 시행일부터 시행한다.

제2조 부터 제4조까지 생략

제5조(다른 법령의 개정) ①부터 ⑩까지 생략

㊶ 악취방지법 시행령 일부를 다음과 같이 개정한다.

제7조의2제2항제1호 · 제6호, 제8조의2의 제목, 같은 조 제1항 각 호 외의 부분 본문, 같은 항 제3호, 같은 조 제2항 전단 · 후단, 같은 조 제3항 전단, 같은 조 제4항, 제8조의3제1항 후단, 같은 조 제2항 후단, 제9조제1항 각 호 외의 부분, 같은 조 제2항 각 호 외의 부분, 같은 조 제4항 각 호 외의 부분, 제9조의2 및 제10조제2항제2호 · 제4호 중 "환경부장관"을 각각 "기후에너지환경부장관"으로 한다.

제8조의2제2항 전단 및 같은 조 제5항 중 "환경부령"을 각각 "기후에너지환경부령"으로 한다.

㊷부터 〈80〉까지 생략

별표 / 서식

[별표 1] 기술진단전문기관의 등록요건(제7조의2제1항 관련)

[별표 2] 과태료의 부과기준(제10조제1항 관련)

악취방지법 시행규칙

[시행 2025. 10. 1.] [기후에너지환경부령 제1호, 2025. 10. 1., 타법개정]

**개정 예정 법률 밑줄 별도 표시.

악취방지법 시행규칙

[시행 2025. 10. 1.] [기후에너지환경부령 제1호, 2025. 10. 1., 타법개정]

제1조(목적) 이 규칙은 「악취방지법」 및 같은 법 시행령에서 위임된 사항과 그 시행에 필요한 사항을 규정함을 목적으로 한다.

[전문개정 2011. 2. 1.]

제2조(지정악취물질) 「악취방지법」(이하 "법"이라 한다) 제2조제2호에 따른 지정악취물질은 별표 1과 같다.

[전문개정 2011. 2. 1.]

제3조(악취배출시설) 법 제2조제3호에 따른 악취배출시설은 별표 2와 같다.

[전문개정 2011. 2. 1.]

제4조(악취실태조사) ① 특별시장ㆍ광역시장ㆍ특별자치시장ㆍ도지사(그 관할구역 중 인구 50만 이상의 시는 제외한다. 이하 같다)ㆍ특별자치도지사(이하 "시ㆍ도지사"라 한다) 또는 인구 50만 이상의 시의 장(이하 "대도시의 장"이라 한다)은 법 제4조제1항에 따라 악취발생 실태를 조사하기 위하여 조사기관, 조사주기, 조사지점, 조사항목, 조사방법 등을 포함한 계획(이하 "악취실태조사계획"이라 한다)을 수립하여야 한다. 〈개정 2012. 10. 18.〉

② 제1항에 따른 조사지점은 악취관리지역 및 악취관리지역의 인근 지역 중 그 지역의 악취를 대표할 수 있는 지점으로 하며, 조사항목은 해당 지역에서 발생하는 지성악취물질을 포함하여야 한다. 〈개정 2019. 6. 13.〉

③ 시ㆍ도지사 또는 대도시의 장은 악취실태조사계획에 따라 실시한 악취실태조사 결과를 다음 해 1월 31일까지 기후에너지환경부장관에게 보고해야 한다. 〈개정 2021. 12. 31., 2025. 10. 1.〉

④ 제1항부터 제3항까지에서 규정한 사항 외에 악취실태조사계획의 수립 및 악취실태조사의 실시에 필요한 사항은 기후에너지환경부장관이 정하여 고시한다. 〈신설 2019. 6. 13., 2025. 10. 1.〉

[전문개정 2011. 2. 1.]

제5조(악취민원 및 조치 결과 보고) 시ㆍ도지사 또는 대도시의 장은 법 제4조제2항에 따라 악취로 인하여 발생한 민원 및 그 조치 결과를 별지 제1호서식에 따라 다음 해 1월 31일까지 기후에너지환경부장관에게 보고하여야 한다. 〈개정 2025. 10. 1.〉

[전문개정 2011. 2. 1.]

제5조의2(악취관리지역의 지정기준) 법 제6조제1항제2호나목에서 "기후에너지환경부령으로 정하는 지역"이란 다음 각 호의 지역을 말한다. 〈개정 2017. 5. 17., 2025. 10. 1.〉

1. 「국토의 계획 및 이용에 관한 법률 시행령」 제30조제3호가목에 따른 전용공업지역

2. 「국토의 계획 및 이용에 관한 법률 시행령」 제30조제3호나목에 따른 일반공업지역(「자유무역지역의 지정 및 운영에 관한 법률」

제4조에 따른 자유무역지역으로 한정한다)

[전문개정 2011. 2. 1.]

제6조(이해관계인의 의견 수렴) ① 시·도지사 또는 대도시의 장은 법 제6조제4항에 따른 악취관리지역의 지정(해제 또는 변경을 포함한다. 이하 이 조에서 같다)에 대하여 이해관계인의 의견을 들으려면 다음 각 호의 사항을 2개 이상의 일간신문에 각각 1회 이상 공고하고, 해당 특별시·광역시·특별자치시·도(그 관할구역 중 인구 50만 이상의 시는 제외한다. 이하 같다)·특별자치도(이하 "시·도"라 한다) 또는 인구 50만 이상의 시(이하 "대도시"라 한다)의 인터넷 홈페이지에 게시해야 하며, 공고한 날부터 14일 이상 일반인이 그 내용을 열람할 수 있도록 해야 한다. 〈개정 2012. 10. 18., 2021. 12. 31.〉

1. 지정 목적
2. 지정대상 지역의 위치 및 면적
3. 지정대상 지역 및 그 인근 지역의 악취 현황
4. 지정대상 지역의 악취배출시설 관리계획
5. 열람 장소

② 악취관리지역 지정에 대하여 의견이 있는 자는 제1항에 따른 열람기간에 시·도지사 또는 대도시의 장에게 그 의견을 서면이나 전자문서로 제출하여야 한다.

③ 시·도지사 또는 대도시의 장은 제2항에 따라 제출된 이해관계인의 의견을 반영할 것인지를 검토하여 그 결과를 해당 의견을 제출한 자에게 통보하여야 한다.

[전문개정 2011. 2. 1.]

제7조 삭제 〈2007. 7. 4.〉

제8조(배출허용기준) ① 법 제7조제1항에 따른 악취의 배출허용기준과 법 제7조제2항에 따른 악취의 엄격한 배출허용기준의 설정 범위는 별표 3과 같다.

② 시·도지사 또는 대도시의 장은 법 제7조제3항에 따라 엄격한 배출허용기준에 대한 이해관계인의 의견을 들으려면 다음 각 호의 사항을 2개 이상의 일간신문에 각각 1회 이상 공고하고, 해당 시·도 또는 대도시의 인터넷 홈페이지에 게시하여야 하며, 공고한 날부터 14일 이상 일반인이 그 내용을 열람할 수 있도록 해야 한다. 〈개정 2021. 12. 31.〉

1. 엄격한 배출허용기준 설정 목적

2. 엄격한 배출허용기준 적용대상 시설 및 그 인근 지역의 악취 현황

3. 엄격한 배출허용기준

4. 열람 장소

③ 엄격한 배출허용기준에 대한 이해관계인의 의견 제출 및 검토 결과의 통보에 관하여는 제6조제2항 및 제3항을 준용한다.

[전문개정 2011. 2. 1.]

제9조(악취배출시설의 설치·운영 신고) ① 법 제8조제1항 전단, 제8조제5항 본문 또는 제8조의2제2항 전단에 따라 악취배출시설의 설치신고 또는 운영신고를 하려는 자는 별지 제2호서식의 악취배출시설 설치·운영신고서(전자문서로 된 신고서를 포함한다)에 다음 각

호의 서류(전자문서를 포함한다)를 첨부하여 특별자치시장, 특별자치도지사, 대도시의 장 또는 시장(대도시의 장은 제외한다. 이하 같다)·군수·구청장(자치구의 구청장을 말한다. 이하 같다)에게 제출하여야 한다. 〈개정 2012. 10. 18., 2014. 4. 11., 2016. 12. 30., 2023. 9. 27.〉

1. 사업장 배치도 1부
2. 악취배출시설의 설치명세서 및 공정도(工程圖) 1부
3. 악취물질의 종류, 농도 및 발생량을 예측한 명세서 1부
4. 악취방지계획서 1부
5. 악취방지시설의 연간 유지·관리계획서 1부

② 제1항에도 불구하고 악취배출시설에 대하여 「대기환경보전법」 제23조에 따른 대기오염물질배출시설 설치 허가신청 또는 신고를 하거나 같은 법 제44조에 따른 휘발성유기화합물 배출시설 설치신고를 한 경우에는 그 허가신청서 또는 신고서의 제출로 제1항에 따른 신고서 제출을 갈음할 수 있다. 이 경우 허가신청서 또는 신고서를 받은 시·도지사는 허가를 하거나 신고를 수리하였을 때에는 관할 대도시의 장 또는 시장·군수·구청장에게 이를 통보하여야 한다.

③ 특별자치시장, 특별자치도지사, 대도시의 장 또는 시장·군수·구청장은 제1항에 따른 신고를 수리하거나 제2항에 따른 통보를 받았을 때에는 별지 제3호서식의 악취배출시설 설치·운영신고 확인증을 발급하여야 한다. 〈개정 2012. 10. 18., 2014. 4. 11.〉

[전문개정 2011. 2. 1.]

제10조(악취배출시설의 변경신고) ① 법 제8조제1항 후단이나 제8

조의2제2항 후단에 따라 악취배출시설의 변경신고를 하여야 하는 경우는 다음 각 호와 같다. 〈개정 2019. 6. 13.〉

1. 악취배출시설의 악취방지계획서 또는 악취방지시설을 변경하는 경우(제5호에 해당하여 변경하는 경우는 제외한다)

2. 악취배출시설을 폐쇄하거나, 별표 2 제2호에 따른 시설 규모의 기준에서 정하는 공정을 추가하거나 폐쇄하는 경우

3. 사업장의 명칭 또는 대표자를 변경하는 경우

4. 악취배출시설 또는 악취방지시설을 임대하는 경우

5. 악취배출시설에서 사용하는 원료를 변경하는 경우

② 제1항에 따라 변경신고를 하려는 자는 변경 전에 별지 제4호서식의 악취배출시설 변경신고서(전자문서로 된 신고서를 포함한다)에 다음 각 호의 서류(전자문서를 포함한다)를 첨부하여 특별자치시장, 특별자치도지사, 대도시의 장 또는 시장·군수·구청장에게 제출하여야 한다. 다만, 악취배출시설을 폐쇄하거나 사업장의 명칭 또는 대표자를 변경하는 경우에는 제1호부터 제3호까지의 서류는 제출하지 아니한다. 〈개정 2012. 10. 18., 2014. 4. 11., 2016. 12. 30.〉

1. 악취배출시설 또는 악취방지시설의 변경명세서 1부

2. 악취물질의 종류, 농도 및 발생량을 예측한 명세서 1부

3. 악취방지계획서 1부

4. 악취배출시설 설치·운영신고 확인증

③ 특별자치시장, 특별자치도지사, 대도시의 장 또는 시장·군수·구청장은 제2항에 따른 변경신고를 수리하였을 때에는 악취배출시설 설치·운영신고 확인증에 변경사항을 적은 후 이를 신고인에게

발급하여야 한다. <개정 2012. 10. 18., 2014. 4. 11.>

[전문개정 2011. 2. 1.]

제11조(악취방지계획) ① 법 제8조제2항·제5항 또는 제8조의2제3항에 따른 악취방지계획에 포함하여야 하는 사항은 별표 4와 같다.

② 법 제8조제2항 단서에서 "기후에너지환경부령으로 정하는 바에 따라 악취가 항상 제7조에 따른 배출허용기준 이하로 배출됨을 증명하는 자료"란 다음 각 호의 자료를 말한다. <개정 2025. 10. 1.>

1. 악취배출시설의 기능·공정·사용원료(부원료를 포함한다)의 특성에 관한 설명자료

2. 악취배출시설에서 배출되는 악취가 항상 배출허용기준 이하로 배출된다는 것을 증명하는 법 제18조에 따른 악취검사기관의 시험분석자료

3. 제2호의 시험분석자료를 보완할 수 있는 객관적인 문헌이나 자료

[전문개정 2011. 2. 1.]

제11조의2(악취공공처리시설의 설치·운영) ① 국가, 지방자치단체 및 「한국환경공단법」에 따른 한국환경공단(이하 "한국환경공단"이라 한다)은 법 제8조의3제1항에 따른 악취공공처리시설을 설치·운영하려는 경우 그 사실을 관할 특별자치시장, 특별자치도지사, 대도시의 장 또는 시장·군수·구청장에게 통보(특별자치시장, 특별자치도지사, 대도시의 장 또는 시장·군수·구청장이 악취공공처리시설을 설치·운영하려는 경우는 제외한다)하여야 한다.

② 제1항에 따른 통보를 받은 지방자치단체의 장은 그 통보를 한 기관의 장에게 다음 각 호의 서류의 제출을 요청할 수 있다.

1. 악취공공처리시설의 위치도(축척 2만5천분의 1의 지형도를 말한다)

2. 악취공공처리시설의 도면 및 다음 각 목의 사항을 모두 포함하는 악취공공처리시설의 설치명세서

가. 악취공공처리시설의 종류 및 규모

나. 악취공공처리시설의 악취물질 처리능력

다. 악취공공처리시설의 악취물질 처리방법

3. 사업장별 악취배출시설의 설치명세서 및 악취의 배출량 예측서

4. 사업장별 원료사용량과 제품생산량 및 공정도

5. 개별 사업장에서 악취공공처리시설에 이르는 연결관의 설치도면 및 설치명세서

6. 악취공공처리시설의 운영에 관한 규약

③ 국가, 지방자치단체 및 한국환경공단은 악취공공처리시설의 설치·운영 내용 중 다음 각 호의 어느 하나에 해당하는 사항을 변경하려는 경우에는 변경 내용을 관할 특별자치시장, 특별자치도지사, 대도시의 장 또는 시장·군수·구청장에게 통보(특별자치시장, 특별자치도지사, 대도시의 장 또는 시장·군수·구청장이 악취공공처리시설의 설치·운영 내용을 변경하려는 경우는 제외한다)하여야 한다. 이 경우 통보를 받은 지방자치단체의 장은 통보를 한 기관의 장에게 변경 내용을 증명하는 서류의 제출을 요청할 수 있다.

1. 악취공공처리시설의 위치

2. 악취공공처리시설의 종류 또는 규모

3. 악취공공처리시설의 악취물질 처리능력 및 처리방법

4. 각 사업장에서 악취공공처리시설에 이르는 연결관

5. 악취공공처리시설의 운영에 관한 규약

[본조신설 2014. 4. 11.]

[종전 제11조의2는 제11조의3으로 이동 〈2014. 4. 11.〉]

제11조의3(공동 방지시설의 설치·운영) ① 법 제8조의3제3항에 따른 공동 악취방지시설(이하 "공동 방지시설"이라 한다)을 설치·운영하려는 경우에는 같은 조 제2항에 따른 공동 악취방지시설 운영기구(이하 "공동 방지시설 운영기구"라 한다)의 대표자가 다음 각 호의 서류를 특별자치시장, 특별자치도지사, 대도시의 장 또는 시장·군수·구청장에게 제출하여야 한다. 〈개정 2012. 10. 18., 2014. 4. 11., 2019. 12. 20.〉

1. 공동 방지시설의 위치도(축척 2만5천분의 1의 지형도를 말한다)

2. 공동 방지시설의 도면 및 다음 각 목의 사항을 모두 포함하는 공동 방지시설의 설치명세서

가. 공동 방지시설의 종류 및 규모

나. 공동 방지시설의 악취물질 처리능력

다. 공동 방지시설의 악취물질 처리방법

3. 사업장별 악취배출시설의 설치명세서 및 악취의 배출량 예측서

4. 사업장별 원료사용량과 제품생산량 및 공정도

5. 사업장에서 공동 방지시설에 이르는 연결관의 설치도면 및 명세서

6. 다음 각 목의 사항을 모두 포함하는 공동 방지시설의 운영에 관한 규약

가. 악취배출농도 및 배출량 등에 따른 사업장별 공동 방지시설의 설치비용·운영경비·각종 충당금 등의 분담에 관한 사항

나. 배출허용기준 초과 등에 따른 사업장별 과태료·과징금·벌금의 분담에 관한 사항

7. 공동 방지시설 설치를 위한 재원마련 계획서

② 공동 방지시설 운영기구의 대표자는 공동 방지시설의 설치 내용 중 다음 각 호의 어느 하나의 사항을 변경하려는 경우에는 변경 내용을 증명하는 서류를 특별자치시장, 특별자치도지사, 대도시의 장 또는 시장·군수·구청장에게 제출하여야 한다. 〈개정 2012. 10. 18., 2014. 4. 11.〉

1. 공동 방지시설의 위치
2. 공동 방지시설의 종류 또는 규모
3. 공동 방지시설의 악취물질 처리능력 및 처리방법
4. 각 사업장에서 공동 방지시설에 이르는 연결관
5. 공동 방지시설의 운영에 관한 규약
6. 공동 방지시설 설치에 소요되는 비용

③ 신고대상시설을 운영하는 자는 공동 방지시설 운영기구의 대표자에게 법과 「악취방지법 시행령」(이하 "영"이라 한다) 및 이 규칙에 따른 행위를 대행하게 할 수 있다.

[본조신설 2011. 2. 1.]

[제11조의2에서 이동 〈2014. 4. 11.〉]

제11조의4(이행계획ㆍ개선계획서의 제출 등) ① 법 제10조제2항에 따른 개선명령을 이행하기 위한 계획, 법 제14조제3항에 따른 조치명령을 이행하기 위한 계획(이하 “이행계획”이라 한다) 또는 영 제4조제1항에 따른 개선계획서를 제출하려는 자는 별지 제4호의2서식에 별표 4에 따른 사항이 포함된 세부 개선계획을 첨부하여 특별자치시장, 특별자치도지사, 대도시의 장 또는 시장ㆍ군수ㆍ구청장에게 제출해야 한다.

② 이행계획은 개선명령 또는 조치명령을 받은 날부터 15일 이내에 제출하되, 해당 명령을 한 지방자치단체의 장은 악취배출시설의 종류 및 규모 등을 고려하여 제출기간의 연장이 필요하다고 인정하는 경우에는 이행계획을 제출하려는 자의 신청을 받아 그 기간을 연장할 수 있다.

[전문개정 2023. 9. 27.]

제11조의5(개선명령 등의 이행통지) 영 제7조제1항에 따라 조치사항의 이행 결과를 통지하려는 자는 별지 제4호의3서식의 이행결과통지서를 작성하여 시ㆍ도지사, 대도시의 장 또는 시장ㆍ군수ㆍ구청장에게 제출해야 한다.

[본조신설 2019. 6. 13.]

제12조(과징금의 금액 등) ① 법 제12조제1항에 따른 과징금은 별표 9의 행정처분기준에 따른 조업정지일수(과징금 부과처분일부터 계산한다)에 1일당 부과금액 100만원을 곱하여 계산하되, 1억원을 초과하는 경우에는 1억원으로 한다. 〈개정 2014. 9. 22.〉

② 법 제12조제1항에 따른 과징금의 납부기한은 과징금 납부통지

서 발급일부터 30일로 한다.

[전문개정 2011. 2. 1.]

제13조 삭제 〈2011. 2. 1.〉

제13조의2(기술진단) ① 법 제16조의2제1항에 따른 기술진단(이하 "기술진단"이라 한다)의 내용·방법은 별표 5와 같다.

② 법 제16조의2제3항에 따른 기술진단 대상시설의 범위는 별표 6과 같다.

③ 시·도지사, 대도시의 장 또는 시장·군수·구청장은 기술진단 결과를 받은 날부터 30일 이내에 법 제16조의2제2항에 따른 악취 저감 등의 조치를 이행하기 위한 계획(이하 "악취저감조치이행계획"이라 한다)을 수립하여 유역환경청장(한강유역환경청장은 제외한다. 이하 같다), 지방환경청장 또는 수도권대기환경청장에게 통보해야 한다. 이 경우 시장·군수·구청장이 악취저감조치이행계획을 통보할 때에는 해당 시·군·구를 관할하는 시·도지사를 경유해야 한다. 〈개정 2023. 9. 27.〉

④ 제3항에 따라 악취저감조치이행계획을 통보받은 유역환경청장, 지방환경청장 또는 수도권대기환경청장(제3항 후단에 따른 시·도지사를 포함한다)은 해당 이행계획에 대하여 한국환경공단에 기술적 자문을 요청할 수 있다. 〈신설 2023. 9. 27.〉

⑤ 기술진단에 드는 비용은 기술진단 대상시설의 종류·규모 등을 고려하여 기후에너지환경부장관이 정하여 고시한다. 〈개정 2023. 9. 27., 2025. 10. 1.〉

[본조신설 2011. 2. 1.]

제13조의3(기술진단전문기관의 등록신청) ① 법 제16조의3제1항에 따라 기술진단전문기관으로 등록하려는 자는 별지 제4호의4서식의 기술진단전문기관 등록신청서에 영 별표 1에 따른 등록요건을 갖추었음을 증명하는 서류를 첨부하여 사무실 소재지를 관할하는 유역환경청장, 지방환경청장 또는 수도권대기환경청장에게 제출해야 한다. 〈개정 2020. 3. 3.〉

② 제1항에 따라 신청을 받은 담당 공무원은 「전자정부법」 제36조제1항에 따른 행정정보의 공동이용을 통하여 법인 등기사항증명서(법인인 경우만 해당한다) 또는 사업자등록증명을 확인해야 한다. 다만, 신청인이 사업자등록증명의 확인에 동의하지 않는 경우에는 해당 서류를 첨부하도록 해야 한다.

③ 유역환경청장, 지방환경청장 또는 수도권대기환경청장은 신청인이 영 별표 1의 등록요건을 갖춘 경우에는 신청인에게 별지 제4호의5서식의 기술진단전문기관 등록증을 발급해야 한다. 〈개정 2020. 3. 3.〉

[본조신설 2019. 6. 13.]

제13조의4(기술진단전문기관의 변경등록) ① 법 제16조의3제2항에서 "기후에너지환경부령으로 정하는 중요한 사항"이란 다음 각 호의 사항을 말한다. 〈개정 2025. 10. 1.〉

1. 명칭
2. 대표자
3. 사무실 또는 실험실 소재지
4. 기술인력

5. 영 별표 1 제1호나목2)에 따라 지정악취물질 실험실이 갖춰야 하는 장비ㆍ실험기기(악취농축장비는 제외한다)

② 법 제16조의3제1항에 따라 등록을 한 자(이하 "기술진단전문기관"이라 한다)가 같은 조 제2항에 따라 변경등록을 하는 경우에는 변경사유가 발생한 날부터 30일 이내에 별지 제4호의4서식의 기술진단전문기관 변경등록신청서에 기술진단전문기관 등록증과 변경내용을 증명하는 서류를 첨부하여 사무실 소재지(사무실 소재지를 변경하려는 경우에는 변경되는 사무실 소재지를 말한다)를 관할하는 유역환경청장, 지방환경청장 또는 수도권대기환경청장에게 제출해야 한다. 〈개정 2020. 3. 3.〉

③ 제2항에 따라 변경등록 신청을 받은 유역환경청장, 지방환경청장 또는 수도권대기환경청장은 기술진단전문기관 등록증 뒤쪽에 변경사항을 적어 신청인에게 돌려주어야 한다. 〈개정 2020. 3. 3.〉

[본조신설 2019. 6. 13.]

제13조의5(기술진단전문기관 등의 실적보고) 기술진단전문기관 및 한국환경공단은 영 제7조의2제2항제1호에 따라 별지 제4호의6서식의 기술진단 실적보고서를 작성하여 유역환경청장, 지방환경청장 또는 수도권대기환경청장에게 제출해야 한다. 〈개정 2020. 3. 3.〉

[본조신설 2019. 6. 13.]

제14조(보고ㆍ자료제출 명령 등) ① 법 제17조제1항에 따른 보고ㆍ자료제출 명령, 시료 채취 및 검사는 다음 각 호의 경우에 할 수 있다. 〈개정 2019. 6. 13.〉

1. 법에 따른 지정ㆍ신고 또는 확인 등의 업무를 수행하기 위하여

불가피한 경우

2. 법 제4조에 따라 악취실태조사를 하는 경우

3. 법 제7조에 따른 배출허용기준의 준수 여부를 확인하려는 경우

3의2. 법 제16조의2제2항에 따른 개선계획의 수립·시행 여부를 확인하려는 경우

4. 악취의 배출로 환경오염 피해가 발생하거나 발생할 우려가 있는 경우

5. 다른 기관의 정당한 요청이 있거나 민원이 제기된 경우

② 법 제17조제4항에 따른 시료자동채취장치(이하 이 조에서 "시료자동채취장치"라 한다)는 시료채취부, 제어부(制御部) 및 통신부 등으로 구성된 것을 말하며, 악취가 가장 높을 것으로 판단되는 부지경계선 및 배출구에 설치해야 한다. 이 경우 시료채취부의 시료주머니는 시료채취를 하기 전에 내부 공기가 대기 중의 공기로 1회 이상 교체되는 것이어야 한다. 〈신설 2019. 6. 13.〉

③ 제2항에서 규정한 사항 외에 시료자동채취장치의 규격, 설치 및 채취에 관한 세부사항은 「환경분야 시험·검사 등에 관한 법률」 제6조제1항제4호의 악취 분야 환경오염공정시험기준에 따른다. 〈신설 2019. 6. 13.〉

[전문개정 2011. 2. 1.]

[제목개정 2019. 6. 13.]

제15조(악취검사기관의 지정신청 등) ① 법 제18조제1항에 따라 악취검사기관으로 지정받으려는 자는 별표 7에 따른 검사시설·장비

및 기술인력을 갖추고, 별지 제5호서식의 악취검사기관 지정신청서(전자문서로 된 신청서를 포함한다)에 다음 각 호의 서류(전자문서를 포함한다)를 첨부하여 국립환경과학원장에게 제출하여야 한다. 〈개정 2016. 12. 30.〉

1. 검사시설·장비의 보유 현황 및 이를 증명하는 서류 1부

2. 기술인력 보유 현황 및 이를 증명하는 서류 1부

② 제1항에 따른 신청서를 받은 국립환경과학원장은 「전자정부법」 제36조제1항에 따른 행정정보의 공동이용을 통하여 법인 등기사항 증명서(법인인 경우만 해당한다)를 확인하여야 한다.

③ 국립환경과학원장은 제1항에 따라 악취검사기관의 지정신청을 받은 경우 신청 내용이 별표 7의 기준에 적합할 때에는 별지 제6호서식의 악취검사기관 지정서를 발급하여야 한다.

[전문개정 2011. 2. 1.]

제16조(악취검사기관의 지정사항 변경보고) 악취검사기관으로 지정받은 자가 법 제18조제3항에 따라 지정받은 사항 중 다음 각 호의 사항을 변경하려는 경우에는 별지 제7호서식의 악취검사기관 지정사항 변경보고서(전자문서로 된 보고서를 포함한다)에 그 변경 내용을 증명하는 서류 1부와 악취검사기관 지정서를 첨부하여 국립환경과학원장에게 제출하여야 한다. 〈개정 2016. 12. 30.〉

1. 상호

2. 사업장 소재지

3. 실험실 소재지

[전문개정 2011. 2. 1.]

第17조(악취검사기관의 준수사항) 법 第18조第5항에 따른 악취검사기관의 준수사항은 별표 8과 같다.

[전문개정 2011. 2. 1.]

第18조(검사수수료) ① 법 第18조第5항에 따른 검사수수료는 국립환경과학원장이 검사장비의 사용비용, 재료비 등을 고려하여 이를 정하여 고시한다.

② 국립환경과학원장은 검사수수료를 결정하려는 경우에는 미리 국립환경과학원의 인터넷 홈페이지에 20일(긴급한 사유가 있는 경우에는 10일)간 그 내용을 게시하여 이해관계인의 의견을 들어야 한다.

③ 국립환경과학원장은 검사수수료의 요율 또는 금액을 결정하였을 때에는 그 결정된 내용과 산정명세를 국립환경과학원의 인터넷 홈페이지를 통하여 공개하여야 한다.

[전문개정 2011. 2. 1.]

第19조(행정처분기준) 법 第11조 · 第13조 · 第16조의6 또는 第19조에 따른 행정처분기준은 별표 9과 같다. 〈개정 2019. 6. 13.〉

[전문개정 2011. 2. 1.]

第19조의2(악취저감기술 지원 절차 등) ① 영 第8조의2第2항에 따라 악취 저감에 필요한 기술 지원(이하 "악취저감기술 지원"이라 한다)을 받으려는 자는 별지 第8호서식의 악취저감기술 지원 신청서(전자문서로 된 신청서를 포함한다)에 다음 각 호의 서류(전자문서를 포함한다)를 첨부하여 한국환경공단 이사장에게 제출하여야 한다. 〈개정 2014. 4. 11.〉

1. 악취배출시설의 공정도

2. 악취물질 처리계통도

3. 「중소기업기본법」 제2조제1항에 따른 중소기업에 해당됨을 증명하는 자료(영 제8조의2제1항제1호에 해당되는 경우로 한정한다)

② 영 제8조의2제3항에 따른 악취저감기술 지원 계획에는 악취저감기술 지원 일시, 악취저감기술 지원 인력 및 준비 사항과 그 밖에 악취저감기술 지원에 필요한 사항이 포함되어야 한다.

③ 한국환경공단 이사장은 법 제21조제1항에 따른 악취저감기술 지원을 하였을 때에는 악취저감기술 지원을 신청한 사항에 대한 원인 분석, 개선 방안 등을 악취저감기술 지원을 신청한 자에게 통보하여야 한다.

[본조신설 2012. 10. 18.]

제20조(수수료) 법 제23조에 따른 수수료는 다음 각 호와 같다. 이 경우 관할 지방자치단체의 수입증지 또는 정보통신망을 이용한 전자화폐·전자결제 등의 방법으로 수수료를 낼 수 있다. 〈개정 2012. 10. 18.〉

1. 법 제8조제1항 전단 및 제5항 본문에 따른 악취배출시설의 설치신고: 1만원(전자문서로 된 신고서를 제출하여 정보통신망을 이용한 전자화폐·전자결제 등의 방법으로 수수료를 낼 때에는 9천원)

2. 법 제8조의2제2항 전단에 따른 악취배출시설의 운영신고: 1만원(전자문서로 된 신고서를 제출하여 정보통신망을 이용한 전자화폐·전자결제 등의 방법으로 수수료를 낼 때에는 9천원)

[전문개정 2011. 2. 1.]

제21조(위임 및 위탁업무의 보고) ① 국립환경과학원장은 영 제9조제1항에 따라 위임받은 업무를 처리하였을 때에는 별표 10에 따라 그 내용을 기후에너지환경부장관에게 보고하여야 한다. 〈개정 2012. 10. 18., 2025. 10. 1.〉

② 한국환경공단 이사장은 영 제9조제4항에 따라 위탁받은 업무를 처리했을 때에는 매 반기의 실적을 매 반기 종료 후 15일 이내에 기후에너지환경부장관에게 보고해야 한다. 〈개정 2012. 10. 18., 2021. 12. 31., 2025. 10. 1.〉

[전문개정 2011. 2. 1.]

[제목개정 2012. 10. 18.]

제21조의2(규제의 재검토) ① 기후에너지환경부장관은 다음 각 호의 사항에 대하여 다음 각 호의 기준일을 기준으로 3년마다(매 3년이 되는 해의 기준일과 같은 날 전까지를 말한다) 그 타당성을 검토하여 개선 등의 조치를 해야 한다. 〈개정 2021. 12. 31., 2025. 10. 1.〉

1. 제5조의2에 따른 악취관리지역의 지정기준: 2014년 1월 1일
2. 제9조제1항에 따른 악취배출시설의 설치·운영 신고 시 제출서류: 2014년 1월 1일
3. 제10조제1항 및 제2항에 따른 악취배출시설의 변경신고 대상 및 변경신고 시 제출서류: 2014년 1월 1일
4. 제15조제1항 및 별표 7에 따른 악취검사기관의 검사시설·장비 및 기술인력 기준: 2014년 1월 1일
5. 제16조에 따른 악취검사기관의 지정사항 변경보고 대상 및 변

경보고 시 제출서류: 2014년 1월 1일

6. 제17조 및 별표 8에 따른 악취검사기관의 준수사항: 2014년 1월 1일

7. 삭제 〈2016. 12. 30.〉

8. 제19조 및 별표 9에 따른 행정처분기준: 2014년 1월 1일

9. 제13조의4에 따른 기술진단전문기관의 변경등록 대상 및 변경등록 시 제출서류: 2022년 1월 1일

② 기후에너지환경부장관은 제8조제1항 및 별표 3에 따른 배출허용기준 및 엄격한 배출허용기준의 설정 범위에 대하여 2014년 1월 1일을 기준으로 5년마다(매 5년이 되는 해의 1월 1일 전까지를 말한다) 그 타당성을 검토하여 개선 등의 조치를 하여야 한다. 〈개정 2025. 10. 1.〉

[전문개정 2014. 4. 30.]

부칙 〈제170호, 2005. 2. 7.〉

①(시행일) 이 규칙은 2005년 2월 10일부터 시행한다.

②(다른 법령의 개정) 대기환경보전법시행규칙 일부를 다음과 같이 개정한다.

제65조ㆍ제66조 및 제66조의2를 각각 삭제한다.

제119조의2제1항제5호중 "법 제28조의2제7항, 법 제30조제2항"을 "법 제28조의2제7항"으로 하고, 동조제2항중 "휘발성유기화합물을 배출하는 시설을 설치하는 자 또는 생활악취의 규제대상인 자"를 "또는 휘발성유기화합물을 배출하는 시설을 설치하는 자"로 한다.

제121조제2호를 삭제한다.

제125조제1항 후단중 “제8호 내지 제11호”를 “제8호 내지 제10호”로 한다.

별표 8 제3호를 삭제한다.

별표 11 측정항목란의 단서중 “악취 및 비산먼지”를 “비산먼지”로 한다.

별표 19 및 별표 19의2를 각각 삭제한다.

별표 33 제2호 사목(1)란을 삭제한다.

별표 34 제11호란을 삭제한다.

부칙 〈제179호, 2005. 7. 22.〉 (환경부와 그 소속기관 직제 시행규칙)

제1조 (시행일) 이 규칙은 공포한 날부터 시행한다.

제2조 (다른 법령의 개정) ①내지 ⑪생략

⑫악취방지법 시행규칙 일부를 다음과 같이 개정한다.

제15조제1항 각 호 외의 부분 · 제2항, 제16조 각 호 외의 부분, 제18조, 제19조제2항 및 제21조제1항중 “국립환경연구원장”을 각각 “국립환경과학원장”으로 한다.

별표 6 제2호 및 별표 8 제1호 · 제2호의 보고자란중 “국립환경연구원장”을 “국립환경과학원장”으로 한다.

별지 제5호서식 앞쪽중 “국립환경연구원장”을 “국립환경과학원장”으로 하고, 동서식 뒤쪽 처리기관란중 “국립환경연구원”을 “국립환경과학원”으로 한다.

별지 제6호서식 앞쪽중 "국립환경연구원장"을 "국립환경과학원장"으로 한다.

별지 제7호서식 앞쪽중 "국립환경연구원장"을 "국립환경과학원장"으로 하고, 동서식 뒤쪽 처리기관란중 "국립환경연구원"을 "국립환경과학원"으로 한다.

⑬내지 ㉒생략

부칙 〈제187호, 2005. 12. 29.〉

이 규칙은 2006년 1월 1일부터 시행한다.

부칙 〈제215호, 2006. 7. 4.〉 (행정정보의 공동이용 및 문서감축을 위한 국립환경과학원 시험의뢰 규칙 등 일부개정령)

이 규칙은 공포한 날부터 시행한다.

부칙 〈제240호, 2007. 7. 4.〉

제1조 (시행일) 이 규칙은 2007년 7월 4일부터 시행한다. 다만, 제5조의2의 개정규정은 2008년 1월 4일부터 시행한다.

제2조 (행정처분에 관한 경과조치) 이 규칙 시행 전의 위반행위에 대한 행정처분에 관하여는 종전의 규정에 따른다.

부칙 〈제251호, 2007. 10. 24.〉 (환경분야 시험·검사 등에 관한 법률 시행규칙)

제1조 (시행일) 이 규칙은 공포한 날부터 시행한다. 〈단서 생략〉

제2조 생략

제3조 (다른 법령의 개정) ① 부터 ⑧ 까지 생략

⑨ 악취방지법 시행규칙 일부를 다음과 같이 개정한다.

별표 3 제2호 비고란 제3호 중 "악취공정시험방법"을 "「환경분야 시험·검사 등에 관한 법률」 제6조제1항제4호에 따른 환경오염공정시험기준"으로 한다.

별표 5 검사시설 및 장비란 바목 중 "악취공정시험방법에 의하여"를 "「환경분야 시험·검사 등에 관한 법률」 제6조제1항제4호에 따른 환경오염공정시험기준에 따라"로 하고, 같은 별표 비고란 제3호 중 "법 제5조의 규정에 의한 악취공정시험방법에 의한"을 "「환경분야 시험·검사 등에 관한 법률」 제6조제1항제4호에 따른 환경오염공정시험기준에 따른"으로 한다.

별표 6 제3호 중 "법 제5조의 규정에 의한 악취공정시험방법"을 "「환경분야 시험·검사 등에 관한 법률」 제6조제1항제4호에 따른 환경오염공정시험기준"으로 한다.

⑩ 부터 ⑰ 까지 생략

부칙 〈제252호, 2007. 10. 25.〉 (폐기물관리법 시행규칙)

제1조 (시행일) 이 규칙은 공포한 날부터 시행한다. 〈단서 생략〉

제2조 부터 제11조까지 생략

제12조 (다른 법령의 개정) ① 부터 ③ 까지 생략

④ 악취방지법 시행규칙 일부를 다음과 같이 개정한다.

제13조 중 "「폐기물관리법 시행규칙」 별표 7"을 "「폐기물관리법

시행규칙」 별표 9"로, "동시행규칙 제6조의3제7호"를 "같은 법 시행규칙 제10조제7호"로 한다.

⑤ 부터 ⑩ 까지 생략

제13조 생략

부칙 〈제270호, 2007. 12. 31.〉 (대기환경보전법 시행규칙)

제1조 (시행일) 이 규칙은 공포한 날부터 시행한다. 〈단서 생략〉

제2조 부터 제13조까지 생략

제14조 (다른 법령의 개정) ① 및 ② 생략

③ 악취방지법 시행규칙 일부를 다음과 같이 개정한다.

제9조제2항 전단 중 "「대기환경보전법」 제10조의 규정에 의한"을 "「대기환경보전법」 제23조에 따른"으로 한다.

제15조 생략

부칙 〈제335호, 2009. 6. 30.〉 (규제일몰제 적용을 위한 대기환경보전법 시행규칙 등 일부개정령)

이 규칙은 2009년 7월 1일부터 시행한다.

부칙 〈제396호, 2011. 2. 1.〉

제1조(시행일) 이 규칙은 2011년 2월 5일부터 시행한다.

제2조(행정처분 기준에 관한 경과조치) 이 규칙 시행 전의 위반행위에 대한 행정처분에 관하여는 종전의 규정에 따른다.

부칙 〈제480호, 2012. 10. 18.〉

이 규칙은 공포한 날부터 시행한다.

부칙 〈제551호, 2014. 4. 11.〉

제1조(시행일) 이 규칙은 공포한 날부터 시행한다.

제2조(공동 방지시설 설치·운영에 관한 적용례) 제11조의3제1항제7호 및 같은 조 제2항제6호의 개정규정은 이 규칙 시행 후 공동 방지시설을 설치하는 경우부터 적용한다.

부칙 〈제553호, 2014. 4. 30.〉 (행정규제기본법 개정에 따른 규제 재검토기한 설정을 위한 가축분뇨의 관리 및 이용에 관한 법률 시행규칙 등 일부개정령)

이 규칙은 공포한 날부터 시행한다.

부칙 〈제573호, 2014. 9. 22.〉

제1조(시행일) 이 규칙은 2014년 9월 25일부터 시행한다.

제2조(행정처분기준에 관한 경과조치) 이 규칙 시행 전의 위반행위에 대하여 행정처분기준을 적용할 때에는 별표 9의 개정규정에도 불구하고 종전의 규정에 따른다.

부칙 〈제628호, 2015. 12. 22.〉 (단위 표준화를 위한 대기환경보전법 시행규칙 등 일부개정령)

이 규칙은 공포한 날부터 시행한다.

부칙 〈제639호, 2016. 2. 19.〉

이 규칙은 공포한 날부터 시행한다.

부칙 〈제684호, 2016. 12. 30.〉 (일몰규제 정비 등을 위한 대기환경보전법 시행규칙 등 일부개정령)

제1조(시행일) 이 규칙은 2017년 1월 1일부터 시행한다.

제2조 및 제3조 생략

부칙 〈제688호, 2017. 1. 19.〉 (수질 및 수생태계 보전에 관한 법률 시행규칙)

제1조(시행일) 이 규칙은 2017년 1월 28일부터 시행한다. 〈단서 생략〉

제2조 부터 제6조까지 생략

제7조(다른 법령의 개정) ① 및 ② 생략

③ 악취방지법 시행규칙 일부를 다음과 같이 개정한다.

별표 2 제2호호목 시설 규모의 기준란 중 "폐수종말처리시설"을 "공공폐수처리시설"로 한다.

별표 6 제2호나목을 다음과 같이 한다.

나. 「수질 및 수생태계 보전에 관한 법률」 제2조제17호에 따른 공공폐수처리시설

④부터 ⑪까지 생략

부칙 〈제698호, 2017. 5. 17.〉

이 규칙은 2017년 6월 28일부터 시행한다.

부칙 〈제723호, 2017. 12. 20.〉 (자격요건에서의 불합리한 학력차별을 시정하기 위한 먹는물관리법 시행규칙 등 4개 환경부령 일부개정령)

이 규칙은 공포한 날부터 시행한다.

부칙 〈제745호, 2018. 1. 17.〉 (물환경보전법 시행규칙)

제1조(시행일) 이 규칙은 2018년 1월 18일부터 시행한다.

제2조 및 제3조 생략

제4조(다른 법령의 개정) ①부터 ⑨까지 생략

⑩ 악취방지법 시행규칙 일부를 다음과 같이 개정한다.

별표 2 제2호호목의 시설 규모의 기준란 중 "「수질 및 수생태계 보전에 관한 법률」"을 "「물환경보전법」"으로 한다.

별표 6 제2호나목 중 "「수질 및 수생태계 보전에 관한 법률」 제2조제17호"를 "「물환경보전법」 제2조제17호"로 한다.

⑪부터 ㉕까지 생략

부칙 〈제810호, 2019. 6. 13.〉

제1조(시행일) 이 규칙은 2019년 6월 13일부터 시행한다.

제2조(악취배출시설의 변경신고에 관한 적용례) 제10조제1항제1호 및 제5호의 개정규정은 이 규칙 시행 이후 악취배출시설에서 사용하는 원료를 변경하는 경우부터 적용한다.

부칙 〈제833호, 2019. 12. 20.〉 (어려운 법령용어 정비를

위한 40개 법령의 일부개정에 관한 환경부령)
이 규칙은 공포한 날부터 시행한다.

부칙 〈제856호, 2020. 3. 3.〉
이 규칙은 공포한 날부터 시행한다.

부칙 〈제961호, 2021. 12. 31.〉
이 규칙은 공포한 날부터 시행한다.

부칙 〈제1020호, 2023. 1. 5.〉 (소상공인 경제회복 지원을 위한 8개 법령의 일부개정에 관한 환경부령)
제1조(시행일) 이 규칙은 공포한 날부터 시행한다.
제2조(행정처분에 관한 적용례) 제1조부터 제8조까지의 개정규정은 이 규칙 시행 전의 위반행위에 대하여 이 규칙 시행 이후 행정처분을 하는 경우에도 적용한다.

부칙 〈제1055호, 2023. 9. 27.〉
이 규칙은 2023년 9월 29일부터 시행한다.

부칙 〈제1호, 2025. 10. 1.〉 (기후에너지환경부와 그 소속기관 직제 시행규칙)
제1조(시행일) 이 규칙은 공포한 날부터 시행한다. 다만, 부칙 제6조에 따라 개정되는 부령 중 이 규칙 시행 전에 공포되었으나 시행

일이 도래하지 아니한 부령을 개정한 부분은 각각 해당 부령의 시행일부터 시행한다.

제2조 부터 제5조까지 생략

제6조(다른 법령의 개정) ①부터 ㊺까지 생략

㊻ 악취방지법 시행규칙 일부를 다음과 같이 개정한다.

제4조제3항 · 제4항, 제5조, 제13조의2제5항, 제21조제1항 · 제2항, 제21조의2제1항 각 호 외의 부분 및 같은 조 제2항 중 "환경부장관"을 각각 "기후에너지환경부장관"으로 한다.

제5조의2 각 호 외의 부분, 제11조제2항 각 호 외의 부분 및 제13조의4제1항 각 호 외의 부분 중 "환경부령"을 각각 "기후에너지환경부령"으로 한다.

별표 6 제3호 중 "환경부장관"을 "기후에너지환경부장관"으로 한다.

별지 제1호서식 중 "환경부장관"을 "기후에너지환경부장관"으로 한다.

㊼부터 〈98〉까지 생략

별표 / 서식

[별표 1] 지정악취물질(제2조 관련)

[별표 2] 악취배출시설(제3조 관련)

[별표 3] 배출허용기준 및 엄격한 배출허용기준의 설정 범위(제8조제1항 관련)

[별표 4] 악취방지계획에 포함하여야 할 사항(제11조제1항 관련)

[별표 5] 기술진단의 내용 및 방법(제13조의2제1항 관련)

[별표 6] 기술진단 대상시설의 범위(제13조의2제2항 관련)

[별표 7] 악취검사기관의 검사시설 · 장비 및 기술인력 기준(제15조제1항 관련)

[별표 8] 악취검사기관의 준수사항(제17조 관련)

[별표 9] 행정처분기준(제19조 관련)

[별표 10] 위임업무 보고사항(제21조제1항 관련)

[별지 제1호서식] 악취민원 및 조치 결과 보고

[별지 제2호서식] 악취배출시설 설치 · 운영신고서

[별지 제3호서식] 악취배출시설 설치 · 운영신고 확인증

[별지 제4호서식] 악취배출시설 변경신고서

[별지 제4호의2서식] [악취배출시설, 악취방지시설 (개선명령 이행계획, 조치명령 이행계획, 개선계획서)]

[별지 제4호의3서식] 이행결과 통지서

[별지 제4호의4서식] 기술진단전문기관(등록신청서, 변경등록신청서)

[별지 제4호의5서식] 기술진단전문기관 등록증

[별지 제4호의6서식] 기술진단 실적보고서

[별지 제5호서식] 악취검사기관 지정신청서

[별지 제6호서식] 악취검사기관 지정서

[별지 제7호서식] 악취검사기관 지정사항 변경보고서

[별지 제8호서식] 악취저감기술 지원 신청서

대한민국 법령 시리즈 124

악취방지법

법 령 / 시 행 령 / 시 행 규 칙

2025년 10월 27일 인쇄 정가 13,000원
2025년 11월 7일 발행

편 저 편집부
디 자 인 송영미
발 행 인 조준형
발 행 처 해광출판사
http://www.hgbookpub.com
E-mail : munbookcokr@naver.com
주 소 부산광역시 중구 해관로 41-1 (중앙동2가)
전화번호 (051) 253-0001 팩스 (051) 245-1187
등 록 제 2012-000005호

해광출판사에서는 여러분의 소중한 원고와 함께 할 기회를 기다리고 있습니다. 책으로 엮을 원고나 아이디어가 있으신 분들은 이메일 munbookcokr@naver.com로 책에 대한 간단한 개요와 원고 전체 또는 일부를 연락처와 함께 보내주십시오.

ISBN 979-11-6881-901-6

※ 법령 출처 : 법제처 국가법령정보센터
※ 본 도서는 〈공공데이터 제공 및 이용 활성화에 관한 법률〉을 근거로 출판되었습니다.

해광출판사 대한민국 법령 시리즈

001. 선원법
002. 어선법
003. 선박직원법
004. 해사안전기본법
005. 해양환경관리법
006. 선박의 입항 및 출항등에 관한 법률
007. 학교안전사고예방 및 보상에 관한 법률
008. 종합부동산세법
009. 방위사업법
010. 행정규제기본법
011. 식품산업진흥법
012. 위험물안전관리법
013. 화재의 예방 및 안전관리에 관한 법률
014. 도시가스사업법
015. 실내공기질관리법
016. 지방세법
017. 소득세법
018. 법인세법
019. 도선법
020. 선박안전법
021. 선박법
022. 수산업법
023. 고압가스안전관리법
024. 국민연금법
025. 공동주택관리법
026. 화학물질관리법
027. 어선원 및 어선 재해보상보험법
028. 장기등 이식에 관한 법률
029. 자연재해대책법
030. 공유재산 및 물품 관리법
031. 산업입지 및 개발에 관한 법률
032. 부정경쟁방지 및 영업비밀보호에 관한 법률
033. 금융지주회사법
034. 온실가스 배출권의 할당 및 거래에 관한 법률
035. 건축사법
036. 산림문화휴양에 관한 법률
037. 전기사업법
038. 사립학교법
039. 고등교육법
040. 액화석유가스의 안전관리 및 사업법
041. 선박투자회사법
042. 수산자원관리법
043. 위험물선박운송및저장규칙
044. 선박평형수관리법
045. 주택임대차보호법
046. 상가건물임대차보호법
047. 지방공기업법
048. 승강기안전관리법
049. 수목원·정원의 조성 및 진흥에 관한 법률
050. 민법
051. 치료감호 등에 관한 법률
052. 대부업 등의 등록 및 금융이용자 보호에 관한 법률
053. 사료관리법
054. 무형문화재 보전 및 진흥에 관한 법률
055. 총포·도검·화약류 등의 안전관리에 관한 법률
056. 경찰관직무집행법
057. 시설물의 안전 및 유지관리에 관한 특별법
058. 수산생물질병 관리법
059. 소비자기본법
060. 국제선박등록법
061. 정보통신망 이용촉진 및 정보보호 등에 관한 법률
062. 해운법
063. 농수산물 품질관리법
064. 수산업협동조합법
065. 해외건설촉진법
066. 수상레저안전법
067. 공무원재해보상법
068. 수상에서의 수색·구조 등에 관한 법률
069. 어촌어항법
070. 항만법
071. 항만운송사업법
072. 해양경비법
073. 해양사고의 조사 및 심판에 관한 법률
074. 외국인근로자의 고용 등에 관한 법률
075. 중소기업기본법
076. 자유무역지역의 지정 및 운영에 관한 법률
077. 대기환경보전법
078. 소음진동관리법
079. 폐기물관리법
080. 하수도법
081. 물환경보전법
082. 토양환경보전법
083. 환경정책기본법
084. 산업재해보상보험법
085. 관세법
086. 노동조합 및 노동관계조정법
087. 근로기준법
088. 군인연금법
089. 먹는물관리법
090. 기술보증기금법
091. 관광진흥법
092. 감염병의 예방 및 관리에 관한 법률
093. 사법경찰관리의 직무를 수행할 자와 그 직무범위에 관한 법률
094. 수의사법
095. 가정폭력방지 및 피해자보호 등에 관한 법률
096. 환경영향평가법
097. 체육시설의 설치 · 이용에 관한 법률
098. 장사 등에 관한 법률
099. 상호저축은행법
100. 은행법
101. 보호관찰 등에 관한 법률
102. 형법
103. 자동차관리법
104. 형사소송법
105. 전자금융거래법
106. 마약류 불법거래 방지에 관한 특례법
107. 도로법
108. 주세법
109. 변리사법
110. 하천법
111. 중소기업진흥에 관한 법률
112. 발달장애인 권리보장 및 지원에 관한 법률
113. 주택법
114. 장애인복지법
115. 농어업경영체 육성 및 지원에 관한 법률
116. 공인중개사법
117. 건강기능식품에 관한 법률
118. 예비군법
119. 개발제한구역의 지정 및 관리에 관한 특별조치법
120. 국유재산법
121. 주차장법
122. 환경기술 및 환경산업 지원법
123. 대기관리권역의 대기환경개선에 관한 특별법
124. 악취방지법
125. 미세먼지 저감 및 관리에 관한 특별법
126. 가축분뇨의 관리 및 이용에 관한 법률
127. 물의 재이용 촉진 및 지원에 관한 법률
128. 물관리기본법
129. 물관리기술 발전 및 물산업 진흥에 관한 법률
130. 자원의 절약과 재활용촉진에 관한 법률
131. 전기 · 전자제품 및 자동차의 자원순환에 관한 법률
132. 건설폐기물의 재활용촉진에 관한 법률
133. 수도권매립지관리공사의 설립 및 운영 등에 관한 법률
134. 폐기물의 국가 간 이동 및 그 처리에 관한 법률
135. 폐기물처리시설 설치촉진 및 주변지역지원 등에 관한 법률
136. 자원순환기본법
137. 잔류성오염물질 관리법
138. 환경분쟁 조정법

해광출판사 대한민국 법령 시리즈

139. 화학물질의 등록 및 평가 등에 관한 법률
140. 환경오염시설의 통합관리에 관한 법률
141. 환경오염피해 배상책임 및 구제에 관한 법률
142. 중소기업제품 구매촉진 및 판로지원에 관한 법률
143. 환경개선비용 부담법
144. 환경분야 시험·검사 등에 관한 법률
145. 환경친화적 산업구조로의 전환촉진에 관한 법률
146. 환경친화적 자동차의 개발 및 보급 촉진에 관한 법률
147. 환경범죄 등의 단속 및 가중처벌에 관한 법률
148. 생명윤리 및 안전에 관한 법률
149. 장애인차별금지 및 권리구제 등에 관한 법률
150. 부동산투자회사법
151. 정치자금법
152. 과학기술기본법
153. 대리점거래의 공정화에 관한 법률
154. 상속세 및 증여세법
155. 학원의 설립 · 운영 및 과외교습에 관한 법률
156. 해양심층수의 개발 및 관리에 관한 법률
157. 전기용품 및 생활용품 안전관리법
158. 사회기반시설에 대한 민간투자법
159. 공직선거법
160. 정당법
161. 유류오염손해배상 보장법
162. 부정청탁 및 금품등 수수의 금지에 관한 법률
163. 항로표지법
164. 어장관리법
165. 민방위기본법
166. 공직자윤리법
167. 선거관리위원회법
168. 유선 및 도선 사업법
169. 전기공사업법
170. 사회복지사업법
171. 택지개발촉진법
172. 국가공무원법
173. 민간임대주택에 관한 특별법
174. 어음법·수표법
175. 민사집행법
176. 상법
177. 문화예술진흥법
178. 중소기업협동조합법
179. 농업협동조합법
180. 도로교통법
181. 의료사고 피해구제 및 의료분쟁 조정 등에 관한 법률
182. 산림보호법
183. 소년법
184. 동물보호법
185. 건축물관리법
186. 도시개발법
187. 화물자동차 운수사업법
188. 도시 및 주거환경정비법
189. 의료법
190. 국회법
191. 응급의료에 관한 법률
192. 출입국관리법
193. 노인복지법
194. 산림자원의 조성 및 관리에 관한 법률
195. 청소년 보호법
196. 초 · 중등교육법
197. 혁신도시 조성 및 발전에 관한 특별법
198. 경제자유구역의 지정 및 운영에 관한 특별법
199. 공공기관의 운영에 관한 법률
200. 대한민국헌법
201. 국민기초생활 보장법
202. 저작권법
203. 가사소송법
204. 국가유공자 등 예우 및 지원에 관한 법률
205. 국민체육진흥법
206. 전통주 등의 산업진흥에 관한 법률
207. 재난 및 안전관리 기본법
208. 정보통신공사업법
209. 주식회사 등의 외부감사에 관한 법률
210. 공익사업을 위한 토지 등의 취득 및 보상에 관한 법률
211. 개인정보 보호법
212. 국세기본법
213. 에너지이용 합리화법
214. 감정평가 및 감정평가사에 관한 법률
215. 국가인권위원회법
216. 가맹사업거래의 공정화에 관한 법률
217. 보건의료기본법
218. 산업안전보건법
219. 법무사법
220. 교육공무원법
221. 특허법
222. 민사소송법
223. 아동복지법
224. 전파법
225. 하도급거래 공정화에 관한 법률
226. 기초연금법
227. 사립학교교직원 연금법
228. 직업안정법
229. 장애아동 복지지원법
230. 부동산등기법
231. 자동차손해배상 보장법
232. 철도안전법
233. 항공안전법
234. 전자상거래 등에서의 소비자보호에 관한 법률
235. 독점규제 및 공정거래에 관한 법률
236. 상표법
237. 채무자 회생 및 파산에 관한 법률
238. 공무원연금법
239. 축산법
240. 근로복지기본법
241. 민원 처리에 관한 법률
242. 약사법
243. 방문판매 등에 관한 법률
244. 건축기본법
245. 지방세기본법
246. 지방세징수법
247. 지방자치법
248. 도시교통정비 촉진법
249. 공공주택 특별법
250. 국세징수법
251. 공인노무사법
252. 중대재해 처벌 등에 관한 법률
253. 외무공무원법
254. 소방시설공사업법
255. 검역법
256. 공중위생관리법
257. 할부거래에 관한 법률
258. 인터넷 멀티미디어 방송사업법
259. 전기통신사업법
260. 제품안전기본법
261. 철도사업법
262. 어린이제품 안전 특별법
263. 영유아보육법
264. 원자력안전법
265. 보험업법
266. 경비업법
267. 교통안전법
268. 세무사법
269. 관세사법
270. 공인회계사법
271. 지방공무원법
272. 고용정책 기본법
273. 국가경찰과 자치경찰의 조직 및 운영에 관한 법률
274. 협동조합 기본법
275. 재해구호법
276. 환경보건법

해광출판사 대한민국 법령 시리즈

277. 자살예방 및 생명존중문화 조성을 위한 법률
278. 소방산업의 진흥에 관한 법률
279. 소방기본법
280. 비송사건절차법
281. 자연환경보전법
282. 변호사법
283. 기업구조조정투자회사법
284. 전기통신기본법
285. 에너지법
286. 해양생태계의 보전 및 관리에 관한 법률
287. 사회보장기본법
288. 통신비밀보호법
289. 공증인법
290. 물류시설의 개발 및 운영에 관한 법률
291. 청소년활동 진흥법
292. 형의 집행 및 수용자의 처우에 관한 법률
293. 도시공원 및 녹지 등에 관한 법률
294. 태권도 진흥 및 태권도공원 조성 등에 관한 법률
295. 녹색건축물 조성 지원법
296. 우편법
297. 예금자보호법
298. 건설산업기본법
299. 금융회사의 지배구조에 관한 법률
300. 장애인활동 지원에 관한 법률
301. 언론중재 및 피해구제 등에 관한 법률
302. 국가재정법
303. 농지법
304. 게임산업진흥에 관한 법률
305. 정신건강증진 및 정신질환자 복지서비스 지원에 관한 법률
306. 디자인보호법
307. 의료기사 등에 관한 법률
308. 스마트도시 조성 및 산업진흥 등에 관한 법률
309. 내수면어업법
310. 한국주택금융공사법
311. 의료기기법
312. 유통산업발전법
313. 전통시장 및 상점가 육성을 위한 특별법
314. 여신전문금융업법
315. 해외자원개발 사업법
316. 산업교육진흥 및 산학연협력촉진에 관한 법률
317. 빈집 및 소규모주택 정비에 관한 특례법
318. 기업도시개발 특별법
319. 전력기술관리법
320. 국토기본법
321. 지하수법
322. 식품위생법
323. 광업법
324. 호스피스·완화의료 및 임종과정에 있는 환자의 연명의료결정에 관한 법률
325. 주식·사채 등의 전자등록에 관한 법률
326. 표시·광고의 공정화에 관한 법률
327. 골재채취법
328. 국민건강증진법
329. 새마을금고법
330. 여객자동차 운수사업법
331. 마리나항만의 조성 및 관리 등에 관한 법률
332. 한부모가족지원법
333. 국가를 당사자로 하는 계약에 관한 법률
334. 지방자치단체를 당사자로 하는 계약에 관한 법률
335. 축산물 위생관리법
336. 병역법
337. 음악산업진흥에 관한 법률
338. 국가균형발전 특별법
339. 첨단재생의료 및 첨단바이오의약품 안전 및 지원에 관한 법률
340. 공간정보의 구축 및 관리 등에 관한 법률
341. 공유수면 관리 및 매립에 관한 법률
342. 농수산물 유통 및 가격안정에 관한 법률
343. 아시아문화중심도시 조성에 관한 특별법
344. 신탁법
345. 자연공원법
346. 생활화학제품 및 살생물제의 안전관리에 관한 법률
347. 군인사법
348. 국제조세조정에 관한 법률
349. 낙동강수계 물관리 및 주민지원 등에 관한 법률
350. 수민등록법
351. 집합건물의 소유 및 관리에 관한 법률
352. 집단에너지사업법
353. 산림조합법
354. 반도체집적회로의 배치설계에 관한 법률
355. 자본시장과 금융투자업에 관한 법률
356. 담보부사채신탁법
357. 근로자퇴직급여 보장법
358. 국제과학비즈니스벨트 조성 및 지원에 관한 특별법
359. 수도법
360. 식품 등의 표시·광고에 관한 법률
361. 약관의 규제에 관한 법률
362. 인삼산업법
363. 종자산업법
364. 항공사업법
365. 건설기계관리법
366. 군형법
367. 궤도운송법
368. 기술의 이전 및 사업화 촉진에 관한 법률
369. 농수산물의 원산지 표시 등에 관한 법률
370. 담배사업법
371. 석유 및 석유대체연료 사업법
372. 가축전염병 예방법
373. 농어촌정비법
374. 식물신품종 보호법
375. 항공보안법
376. 중소기업창업 지원법
377. 군사법원법
378. 우주개발 진흥법
379. 해저광물자원 개발법
380. 산림복지 진흥에 관한 법률
381. 지능형 로봇 개발 및 보급 촉진법
382. 헌법재판소법
383. 옥외광고물 등의 관리와 옥외광고산업 진흥에 관한 법률
384. 혈액관리법
385. 국제항해선박 등에 대한 해적행위 피해예방에 관한 법률
386. 유료도로법
387. 독립유공자예우에 관한 법률
388. 신에너지 및 재생에너지 개발·이용·보급 촉진법
389. 신용정보의 이용 및 보호에 관한 법률
390. 출판문화산업 진흥법
391. 공항시설법
392. 국민 평생 직업능력 개발법
393. 아동·청소년의 성보호에 관한 법률
394. 방송법쉬
395. 신용보증기금법
396. 화장품법
397. 청소년 기본법
398. 인터넷주소자원에 관한 법률
399. 양곡관리법
400. 도로명주소법
401. 전자문서 및 전자거래 기본법
402. 산업기술의 유출방지 및 보호에 관한 법률
403. 국가기술자격법
404. 양식산업발전법
405. 산업기술혁신 촉진법
406. 새만금사업 추진 및 지원에 관한 특별법
407. 전자정부법
408. 지역 개발 및 지원에 관한 법률
409. 한국농어촌공사 및 농지관리기금법
410. 계량에 관한 법률
411. 기업활동 규제완화에 관한 특별조치법
412. 군에서의 형의 집행 및 군수용자의 처우에 관한 법률

해광출판사 대한민국 법령 시리즈

413. 규제자유특구 및 지역특화발전특구에 관한 규제특례법
414. 금융위원회의 설치 등에 관한 법률
415. 남녀고용평등과 일·가정 양립 지원에 관한 법률
416. 농어업인 삶의 질 향상 및 농어촌지역 개발촉진에 관한 특별법
417. 댐건설·관리 및 주변지역지원 등에 관한 법률
418. 국가유산수리 등에 관한 법률
419. 법원조직법
420. 보훈보상대상자 지원에 관한 법률
421. 부패방지 및 국민권익위원회의 설치와 운영에 관한 법률
422. 과학기술분야 정부출연연구기관 등의 설립·운영 및 육성에 관한 법률
423. 연구개발특구의 육성에 관한 특별법
424. 친환경농어업 육성 및 유기식품 등의 관리·지원에 관한 법률
425. 연안관리법
426. 영화 및 비디오물의 진흥에 관한 법률
427. 신용협동조합법
428. 방송통신발전 기본법
429. 범죄피해자 보호법
430. 가축 및 축산물 이력관리에 관한 법률
431. 국가표준기본법
432. 국가통합교통체계효율화법
433. 범죄인 인도법
434. 국가과학기술 경쟁력 강화를 위한 이공계지원 특별법
435. 국제경기대회 지원법
436. 금융혁신지원 특별법
437. 수자원의 조사·계획 및 관리에 관한 법률
438. 축산자조금의 조성 및 운용에 관한 법률
439. 소방시설 설치 및 관리에 관한 법률
440. 양성평등기본법
441. 축산계열화사업에 관한 법률
442. 수입식품안전관리 특별법
443. 대외무역법
444. 국가연구개발사업 등의 성과평가 및 성과관리에 관한 법률
445. 무역보험법
446. 기술사법
447. 광산안전법
448. 농약관리법
449. 농업·농촌 및 식품산업 기본법
450. 문화산업진흥 기본법
451. 부담금관리 기본법
452. 야생생물 보호 및 관리에 관한 법률
453. 한국은행법
454. 별정우체국법
455. 원양산업발전법
456. 콘텐츠산업 진흥법
457. 한국수출입은행법
458. 외국인투자 촉진법
459. 물류정책기본법
460. 전자서명법
461. 산업발전법
462. 산업표준화법
463. 소프트웨어 진흥법
464. 토지이용규제 기본법
465. 해수욕장의 이용 및 관리에 관한 법률
466. 정보통신 진흥 및 융합 활성화 등에 관한 특별법
467. 정보통신산업 진흥법
468. 지진·화산재해대책법
469. 소금산업진흥법
470. 위치정보의 보호 및 이용 등에 관한 법률
471. 외국법자문사법
472. 이러닝(전자학습)산업 발전 및 이러닝 활용 촉진에 관한 법률
473. 암관리법
474. 실용신안법
475. 가족관계의 등록 등에 관한 법률
476. 무인도서의 보전 및 관리에 관한 법률
477. 감사원법
478. 정보보호산업의 진흥에 관한 법률
479. 결혼중개업의 관리에 관한 법률
480. 공익신고자 보호법
481. 박물관 및 미술관 진흥법
482. 낚시 관리 및 육성법
483. 동산·채권 등의 담보에 관한 법률
484. 임금채권보장법
485. 국민투표법
486. 농림수산업자 신용보증법
487. 국가채권 관리법
488. 중소기업은행법
489. 식품안전기본법
490. 외국환거래법
491. 발명진흥법
492. 건설기술 진흥법
493. 기후위기 대응을 위한 탄소중립·녹색성장 기본법
494. 인체조직안전 및 관리 등에 관한 법률
495. 엔지니어링산업 진흥법
496. 신문 등의 진흥에 관한 법률
497. 식물방역법
498. 석탄산업법
499. 산업융합 촉진법
500. 비료관리법
501. 임업 및 산촌 진흥촉진에 관한 법률
502. 복권 및 복권기금법
503. 대규모유통업에서의 거래 공정화에 관한 법률
504. 뉴스통신 진흥에 관한 법률
505. 지능정보화 기본법
506. 자격기본법
507. 중소기업 기술혁신 촉진법
508. 국가공간정보 기본법
509. 농어업재해대책법
510. 방송광고판매대행 등에 관한 법률
511. 지식재산 기본법
512. 초고층 및 지하연계 복합건축물 재난관리에 관한 특별법
513. 해양 조사와 해양정보 활용에 관한 법률
514. 공간정보산업 진흥법
515. 공공기관의 정보공개에 관한 법률
516. 행정기본법
517. 해상교통안전법
518. 농어업재해보험법
519. 문화유산의 보존 및 활용에 관한 법률
520. 자연유산의 보존 및 활용에 관한 법률
521. 국토의 계획 및 이용에 관한 법률
522. 건축법
523. 국민건강보험법
524. 계엄법
525. 환경친화적 선박의 개발 및 보급 촉진에 관한 법률
526. 해양폐기물 및 해양오염퇴적물 관리법
527. 연안사고 예방에 관한 법률
528. 전기안전관리법
529. 의약품 등의 안전에 관한 규칙
530. 공공보건의료에 관한 법률
531. 군보건의료에 관한 법률
532. 농어촌 등 보건의료를 위한 특별조치법
533. 보호소년 등의 처우에 관한 법률
534. 국가를 당사자로 하는 소송에 관한 법률
535. 간호법
536. 국립묘지의 설치 및 운영에 관한 법률
537. 주류 면허 등에 관한 법률
538. 부가가치세법
539. 자율운항선박 개발 및 상용화 촉진에 관한 법률

*** 해광출판사의 법령 시리즈는 계속 발행 됩니다.**
**** 각 도서의 개정판은 인쇄일을 기준으로 제작 되었습니다.**